Weis
Kompakt-Training
Marketing

D1725781

umweltfreundlich
... weil auf chlor- und säurefrei
gefertigtem Papier gedruckt

Sie finden uns im Internet unter: http//www.kiehl.de

Kompakt-Training
Praktische Betriebswirtschaft

Herausgeber Prof. Dipl.-Kfm. Klaus Olfert

Kompakt-Training
Marketing

von

Prof. Dr. Hans Christian Weis

Die Deutsche Bibliothek - CIP-Einheitsaufnahme

Weis, Hans-Christian:
Kompakt-Training Marketing / von Hans Christian Weis. - 1. Aufl. - Ludwigshafen : Kiehl, 1999
   (Kompakt-Training praktische Betriebswirtschaft)
   ISBN 3-470-49781-8

Herausgeber:

Prof. Dipl.-Kfm. Klaus Olfert
Hochschule für Technik, Wirtschaft und Kultur Leipzig
Fachbereich Wirtschaftswissenschaften
Postfach 66, 04251 Leipzig

ISBN 3 470 **49781** 8 · 1999
© Friedrich Kiehl Verlag, Ludwigshafen (Rhein) 1999.
Alle Rechte vorbehalten. Ohne Genehmigung des Verlages ist es nicht gestattet, das Buch oder Teile daraus nachzudrucken oder auf fotomechanischem Wege zu vervielfätigen, auch nicht zu Unterrichtszwecken.
Druck: Druckhaus Beltz, Hemsbach

Kompakt-Training Praktische Betriebswirtschaft

Das *Kompakt-Training Praktische Betriebswirtschaft* ist aus der Notwendigkeit entstanden, dass Wissen immer häufiger unter erheblichem Zeit- und Erfolgsdruck erworben oder reaktiviert werden muss. Den vielfältigen betriebswirtschaftlichen Fakten und Zusammenhängen, die aufzunehmen sind, stehen eng begrenzte Zeitbudgets gegenüber.

Die vorliegende Fachbuchreihe ist darauf ausgerichtet, die Leser darin zu unterstützen, rasch und fundiert in die verschiedenen betriebswirtschaftlichen Themenbereiche einzudringen sowie diese aufzufrischen. Sie eignet sich in besonderer Weise für:

- ❏ Studierende an Fachhochschulen, Akademien und Universitäten
- ❏ Fortzubildende an öffentlichen und privaten Bildungsinstitutionen
- ❏ Fach- und Führungskräfte in Unternehmen und sonstigen Organisationen.

Das *Kompakt-Training Praktische Betriebswirtschaft* ist auch zum Selbststudium sehr gut geeignet, nicht zuletzt wegen seiner besonderen Gestaltungsmerkmale. Jeder einzelne Band der Fachbuchreihe zeichnet sich u. a. aus durch:

- ❏ Kompakte und praxisbezogene Darstellung
- ❏ Systematischen und lernfreundlichen Aufbau
- ❏ Viele einprägsame Beispiele, Tabellen, Abbildungen
- ❏ 50 praxisbezogene Übungen mit Lösungen
- ❏ MiniLex mit bis zu 160 Stichworten.

Für Anregungen, die der weiteren Verbesserung dieses Lernkonzeptes dienen, bin ich dankbar.

Prof. Klaus Olfert
Herausgeber

Vorwort

Das Buch "Kompakt-Training Marketing" will allen an Marketing Interessierten konzentriert auf das Wesentliche, in kurzer Zeit einen Überblick über Ziele, Aufgaben und Instrumente des Marketing geben.

Die Darstellung wurde bewusst knapp gehalten und durch Übersichten und Abbildungen kompakt gestaltet. Beispiele und Fragen zum Erlernten sollen dem Leser seine Fortschritte beim Lesen sichtbar machen. Weiterführende Literatur wird unter Literatur ausgewiesen.

Das vorliegende Buch wendet sich insbesondere an fünf Personenkreise:

❑ Studenten, die in kurzer Zeit einen Überblick über die wesentlichen Gebiete des Marketing gewinnen wollen.

❑ Studenten, die im Rahmen der Allgemeinen Betriebswirtschaftslehre Marketing hören.

❑ Studierende an Akademien, an Verwaltungs- und Wirtschaftsinstituten, an den Industrie- und Handelskammern usw., die sich mit Marketing beschäftigen.

❑ Examenskandidaten zur komprimierten Vorbereitung auf Prüfungen.

❑ Praktiker, die sich aus privaten oder beruflichen Gründen mit Marketing beschäftigen wollen.

❑ Interessenten aus allen Bereichen, die Grundkenntnisse im Marketing benötigen.

Um diesen Zielgruppen gerecht zu werden, wurden keine Kenntnisse vorausgesetzt und die Darstellung konzentriert und für jedermann verständlich gehalten, sodass dieses Buch auch zum Selbststudium geeignet ist.

Viel Erfolg beim Durcharbeiten dieses Buches.

Mönchengladbach, im Herbst 1998

Hans Christian Weis

Inhaltsverzeichnis

A. Grundlagen

1. Die Entwicklung von der Absatzwirtschaft zum Marketing

In den USA beschäftigt man sich schon seit Beginn dieses Jahrhunderts mit dem Begriff Marketing. In Deutschland sind die ersten Ansätze für das heutige Marketing in den Arbeiten zum Handel und zur Absatzwirtschaft zu sehen. Da nach dem zweiten Weltkrieg ein zuerst großer Nachholbedarf zu befriedigen war, bemühten sich die Unternehmen insbesondere die Produktions- und Distributionsbedingungen zu optimieren.

Aufgabe war es damals, auf einem **Verkäufermarkt**, d. h. einem Markt, auf dem die Nachfrage größer als das Angebot ist - also ein Nachfrageüberhang besteht - die Kaufwilligen optimal zu befriedigen. So bestand die Aufgabe des „Marketing" nach der Währungsreform damals primär darin, den Nachfrageüberhang zu befriedigen.

Seit den **60er Jahren** veränderten sich die Märkte, wobei ein immer größeres Angebot auf den verschiedenen Märkten anzutreffen war, das zu der Situation des Käufermarktes führte. Ein **Käufermarkt** ist dadurch gekennzeichnet, dass das Angebot die Nachfrage übersteigt, d. h. es besteht ein Angebotsüberhang.

Nunmehr war nicht mehr die Produktion der Engpassfaktor sondern Marketing wurde zur wichtigen Engpassfunktion. Die Unternehmen waren jetzt gezwungen ihre Leistungen auf die Bedürfnisse, Wünsche und Probleme der Käufer auszurichten.

Kriterium	Verkäufermarkt	Käufermarkt
Wirtschaftliche Situation	Knappheitswirtschaft	Überflussgesellschaft
Nachfrage	Nachfrage → Angebot	Angebot → Nachfrage
Engpass	Produktion, Beschaffung	Absatz
Bedeutung der betrieblichen Teilfunktion	Primat der Produktion/ Beschaffung	Primat des Marketing
Vorrangige betriebliche Anstrengungen	Optimierung der Produktions- und Beschaffungsaktivitäten	Optimale Marktposition, Optimierung des Marketing

Tab. A1: Verkäufer- und Käufermarkt im Vergleich

In der Folge ergab sich eine intensivere Beschäftigung mit den Möglichkeiten und Grenzen des Marketing sowie der organisatorischen Eingliederung des Marketing in die Unternehmen. Zunehmend erkannte man Marketing als Führungsfunktion für das Unternehmen, an dem sich die sonstigen Führungsbereiche ausrichten sollen.

In den **80er Jahren** wurde Marketing geprägt durch die strategische Ausrichtung (Wettbewerbsorientierung und -positionierung, *Porter*) sowie die Internationalisierung bzw. Globalisierung.

In Deutschland wird Marketing in den **90er Jahren** insbesondere durch drei Faktoren geprägt:

❑ die deutsche Wiedervereinigung (1990)
❑ die Harmonisierung des europäischen Binnenmarktes
❑ die zunehmende Umweltorientierung.

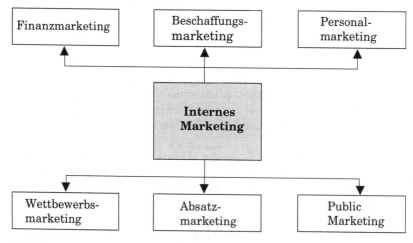

Abb. A1: Dimensionen des Marketing heute

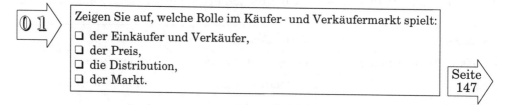

Zeigen Sie auf, welche Rolle im Käufer- und Verkäufermarkt spielt:

❑ der Einkäufer und Verkäufer,
❑ der Preis,
❑ die Distribution,
❑ der Markt.

Seite 147

2. Die wesentlichen Aspekte des Marketing

In der Wissenschaft und der Literatur findet sich keine einheitliche Definition des Begriffs Marketing. Es soll daher nicht auf die unterschiedlichen Definitionen in der Literatur näher eingegangen werden.

Für die weiteren Betrachtungen soll **Marketing als eine Konzeption der Führung von Organisationen vom Markte ausgehend und auf die jeweiligen Märkte hin verstanden werden.**

Dies bedeutet im Einzelnen, dass jedes Unternehmen die relevanten Nachfrager und Märkte identifizieren und seine Aktivitäten auf diese Nachfrager und Märkte ausrichten muss. Ebenso ist die Unternehmensstruktur darauf auszurichten.

2.1 Marketing als Denkhaltung

Dies bedeutet, dass man vom Markte her denkt und sich der Methoden der Erforschung der Märkte (Marktforschung, Verbraucherforschung, Trendforschung usw.) bedient um die gegenwärtigen und künftigen Bedarfe zu decken und zu wecken.

Zugleich versuchen die Anbieter sich in die Situation des Kunden („Vom Kunden aus Denken") zu versetzen und durch neue Ideen Akzeptanz beim Abnehmer zu finden (Innovationsmanagement).

Marketing als Denkhaltung muss alle Mitarbeiter eines Unternehmens durchdringen und für alle Bereiche eines Unternehmens gelten (Primat des Marketing).

Kennzeichen für praktiziertes Marketing sind:

❑ **Kundenorientierung**, d. h. bewusste Orientierung an Problemen, Wünschen und Bedürfnissen des Kunden.

❑ **Organisationsanpassung**, d. h. Anpassung der gesamten Unternehmensorganisation an die Erfordernisse des Kunden.

❑ **Marktsegmentierung**, d. h. die Aufteilung des Gesamtmarktes in homogene Teilmärkte

❑ **Wettbewerbsorientierung**, d. h. Schaffung eines komparativen Konkurrenzvorteils

❑ **Markterschließung**, d. h. systematische Suche und Erschließung neuer Märkte

❑ **Zielorientierung**, d. h. Ausrichtung aller Aktivitäten an den Marketing- und Unternehmenszielen.

2.2 Marketing als Instrument

Dem Marketing stehen im Prinzip vier Gruppen von Instrumenten zur Verfügung um Marketing zu realisieren:

❑ **Informationsinstrumente**, wie z. B.

○ Marktforschung	○ Konkurrenzforschung
○ Verhaltensforschung	○ Kostenrechnung
○ Trendforschung	○ Rechnungswesen usw.

❑ **Marketingstrategien**, wie z. B.

○ Marktstrategien	○ Wettbewerbsstrategien
○ Produktstrategien	○ usw.

❑ **Marketingpolitische Instrumente**, wie z. B.

○ Produkt- und Programmpolitik	○ Distributionspolitik
○ Kontrahierungspolitik	○ Kommunikationspolitik usw.

❑ **Marketingorganisation**

○ Funktionsorientierte Marketing- organisation	○ Gebietsorientierte Marketing- organisation
○ Produktorientierte Marketing- organisation	○ Matrixorganisation des Marketing

2.3 Marketing als Unternehmensfunktion

Marketing ist dabei **als Funktion aller Teile** des Unternehmens zu sehen - nicht nur der Marketingabteilung - um die Beziehungen als Anbieter auf dem Markt zu Abnehmern und den sonstigen Marktpartnern optimal zu gestalten.

Dies zeigt sich nicht nur in der Schaffung von Stellen wie z. B. des Produktmanagers, Kundenmanagers oder Key-Account-Managers sondern auch in der Realisierung von internem Marketing (vgl. Abb. S. 12).

3. Die Erscheinungsformen des Marketing

Marketing zeigt sich auf den Märkten in vielfältigen Erscheinungsformen, je nachdem welche Aspekte im Vordergrund der Betrachtung stehen.

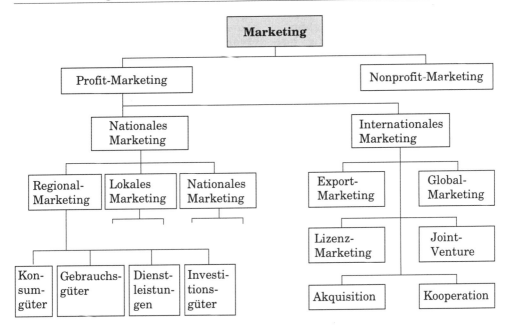

Abb. A2: Vierstufige Einteilung des Marketing

So lässt sich Marketing nach dem Grad der Gewinnerzielung in Profit-Marketing und Nonprofit-Marketing unterscheiden.

Von Nonprofit-Marketing (Nichtkommerziellem Marketing) spricht man, wenn man das Marketing von Institutionen meint, die nicht primär auf Gewinnerzielung ausgerichtet sind, wie z. B. öffentliche Verkehrsbetriebe, Theater, Bibliotheken, Hochschulen, usw.

Marketing kann sich nur auf das Inland oder auf mehrere Länder bzw. die gesamte Welt erstrecken. Je nachdem spricht man von Nationalem, Internationalem und Globalem Marketing. Globales Marketing versucht den Weltmarkt nach einem einheitlichen System zu bearbeiten um dadurch die Wettbewerbsfähigkeit zu verbessern.

Eine Einteilung des Marketing nach dem Verwendungszweck der Marketingobjekte führt zur Einteilung in Verbrauchsgüter-, Gebrauchsgüter- und Investitionsgütermarketing. Unterscheidet man das Marketing nach den Gütern und Leistungen für die das Marketing betrieben wird, so wird die obige Einteilung noch durch das Dienstleistungsmarketing ergänzt.

Die besonderen Merkmale der verschiedenen Marketingkonzepte zeigt die folgende Übersicht.

Kennzeichen	Konsumgüter-marketing	Investitionsgüter-marketing	Dienstleistungs-marketing
Angebot	Massenprodukte eher niedrigpreisig standardisiert	oft individuell gestaltet oft hochpreisig oft noch nicht produziert	immateriell unter-schiedliche Qualität nicht lager-/trans-portfähig oft nicht konkret erfassbar
Anbieter	Handel vorherr-schend (indirekter Absatz)	Hersteller vorherr-schend (Direktabsatz)	Dienstleistungs-unternehmen ("Hersteller" und Makler)
Käufer	Privatpersonen	Unternehmen (Buying-Center)	Privatpersonen und Unternehmen
Kaufentscheidungs-prozess • Zeitdauer • Kaufmotive • Teilnehmer	kurz eher emotional als rational oft nur eine Person auf jeder Seite oder nur Käufer (SB)	kurz bis sehr lang eher rational, aber auch emotional oft auf beiden Seiten mehrere Personen	kurz bis sehr lang oft eher emotional oft auf beiden Seiten mehrere Personen
Marketing • Werbung • Preispolitik • Persönlicher Verkauf • Produktpolitik • Service	„Massenmarketing" sehr wichtig sehr wichtig keine Bedeutung wichtig, Massen-produkte Positionierung geringe Bedeutung	„Individualmarketing" auch wichtig weniger wichtig große Bedeutung wichtig, Individual-produkte Systemlösungen große Bedeutung	„Imagemarketing (Corporate Identity") sehr wichtig bedeutsam große Bedeutung bedeutsam, ziel-orientiert Individual- und Massenprodukt sehr große Bedeu-tung

Abb. A3: Besonderheiten spezifischer Marketingkonzepte

Als **Social Marketing** bezeichnet man diejenigen Marketingaktivitäten, die für bestimmte Ideen und bestimmte Anliegen zum Nutzen der Gesellschaft verfolgt werden.

Beispiele: „Keine Macht den Drogen"
„Unsere Umwelt soll schöner werden"
„Vorsorgeuntersuchungen gegen Krebs"
„Schluckimpfung gegen Kinderlähmung"

Nennen Sie mindestens 5 Aspekte, die aufzeigen, dass Unternehmen Marketing praktizieren!

Seite 147

4. Die Güter

Auf den Märkten werden unterschiedliche Güter ausgetauscht, die sich wie folgt systematisieren lassen:

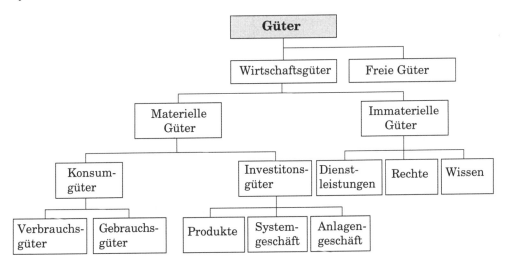

Abb. A4: Systematik der Güter

Freie Güter stehen für Interessenten jederzeit zur Verfügung (z.B. Luft, Wasser, usw.). Wirtschaftliche Güter sind dadurch gekennzeichnet, dass sie einen bestimmten Nutzen stiften und daher zu einem bestimmten Preis auf dem Markt ausgetauscht werden können. Wirtschaftsgüter lassen sich in materielle und immaterielle Güter unterscheiden.

Zu den materiellen Gütern gehören:

❑ **Konsumgüter**, die der individuellen Bedürfnisbefriedigung privater Abnehmer (Konsumenten) dienen. Man unterscheidet zwischen Verbrauchsgütern (Tee, Wein, Schokolade, ...) und Gebrauchsgütern (Fernsehgeräte, Waschmaschinen, Kaffeemaschinen, ...), die längerfristig von Privatpersonen gebraucht werden können.

❑ **Investitionsgüter**, das sind Güter, welche von Organisationen erworben werden um damit neue Güter zu produzieren. Dazu gehören Rohstoffe, Produkte, aber auch ganze Anlagen.
Beispiele: Werkzeugmaschinen, Anlagen zur Stromerzeugung, Antriebsaggregate ...

❑ **Immaterielle Güter** als Dienstleistungen, Rechte und Wissen (Informationen). Dabei kommt den Dienstleistungen in unserer Gesellschaft eine immer größere Bedeutung zu und ihr Anteil am Bruttosozialprodukt wächst ständig.
Beispiele: Fitness Studio, Heimkrankenpflege, Urlaubsreisen, ärztliche Untersuchungen, ...

„Typische" Dienstleistungen sind u. a. durch folgende Kriterien gekennzeichnet:

- Dienstleistungen sind immateriell
- Dienstleistungen sind nicht lagerfähig
- Dienstleistungen sind nicht gleichwertig
- Dienstleistungen müssen in einem engen zeitlichen, räumlichen und personellen Verbund ausgeführt werden.

5. Der Markt

Der **Markt** ist der jeweilige Ort, an dem die Interaktionen zwischen Anbieter und Nachfrager stattfinden und Angebot und Nachfrage nach einer bestimmten Leistung aufeinander treffen. Der relevante Markt wird in der Literatur sehr unterschiedlich definiert, je nachdem ob man ihn aus Anbieter- oder Nachfragersicht sieht.

Kriterien für die Bestimmung des relevanten Marktes eines Unternehmens sind:

○ der geographische Bereich	○ die Zielgruppen
○ die Konkurrenzunternehmen	○ die Wettbewerbssituation
○ die Abnehmer	○ die finanziellen Gegebenheiten
○ der Einsatzbereich der Güter	

Märkte lassen sich nach folgenden **Kriterien** abgrenzen:

❑ **Sachliche Kriterien**

○ Art der Güter	○ Substitutionsgüter
○ Konkurrenzgüter	

❑ **Geographische Kriterien**

○ lokal	○ EU
○ regional	○ Welt
○ national	

❑ **Zeitliche Kriterien**

○ täglich	○ monatlich
○ wöchentlich	○ jährlich

❑ **Persönliche Kriterien**

○ Kinder	○ Männer
○ Frauen	○ Senioren

In der Praxis finden sich verschiedene Formen von **Marktveranstaltungen**, wie z. B.

○ Messen	○ Wochen-, Tages- und Jahrmärkte
○ Ausstellungen	○ Großmärkte
○ Börsen	○ Submissionen
○ Auktionen	○ Einschreibungen

6. Die Marktgrößen

Begriffe, die Aussagen über die gegenwärtige und zukünftige Größe eines Marktes geben können, sind die Folgenden:

	Markt	Unternehmen	Markt/Unternehmen
Ist-Zustand	Marktvolumen	Absatzvolumen	Marktanteil
Soll-Zustand	Marktpotential	Absatzpotential	---
Marktvolumen $\leqq$ Marktpotential	= 1 → gesättigt	---	---
	< 1 → ungesättigt	---	---

Abb. A5: Aussagen über gegenwärtige und zukünftige Größen eines Marktes

Dabei gilt:

❑ **Marktvolumen** = Der gegenwärtige Absatz aller Anbieter einer Leistung auf einem Markt.

❑ **Marktpotential** = Der maximal mögliche Absatz aller Anbieter unter Ausnutzung aller Möglichkeiten auf einem Markt.

❑ **Absatzvolumen** = Der gegenwärtige Absatz eines Anbieters auf einem Markt in einer bestimmten Periode.

❑ **Absatzpotential** = Der maximal mögliche Absatz eines Anbieters unter Ausnutzung aller Möglichkeiten auf einem Markt in einer Periode.

❑ **Marktsättigung** = Das Verhältnis von Marktvolumen zum Marktpotential. In der Regel gilt:
Marktvolumen < Marktpotential (ungesättigter Markt)
Marktvolumen = Marktpotential (gesättigter Markt).

❑ **Marktanteil** = Der Marktanteil gibt den Anteil eines Unternehmens am Marktvolumen an.

❑ **Relativer**   =   Der relative Marktanteil gibt das Absatzvolumen eines
   Marktanteil   Unternehmens im Verhältnis zum Absatzvolumen des
                             größten Konkurrenten an.

$$\text{Relativer Marktanteil} = \frac{\text{Absatzvolumen}}{\text{Absatzvolumen des Marktführers}} \cdot 100$$

In der Branche A wird ein Marktvolumen von 500 Mio. DM erzielt.
Das Unternehmen X erreicht dabei einen Umsatz von 75 Mio. DM. Bei
Ausschöpfung aller marketingpolitischen und sonstigen Möglichkei-
ten könnte in der Branche A ein Umsatz von 750 Mio. DM erzielt
werden. Der größte Anbieter in dieser Branche ist zur Zeit das
Unternehmen Y mit 225 Mio. DM.

❑ Wie groß ist das Marktpotential in dieser Branche?
❑ Wie groß ist der absolute Marktanteil des Unternehmens X?
❑ Wie groß ist der relative Marktanteil des Unternehmens X?

Seite
147

7. Die Marketingumwelt

Marketing vollzieht sich im Rahmen der es umgebenden Umwelt. Dabei unterscheidet man in:

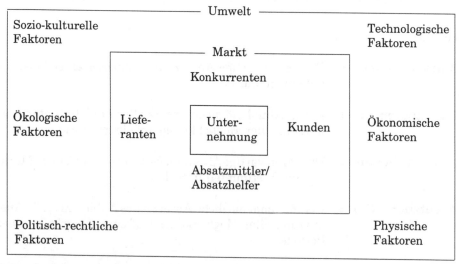

Abb. A6: Unternehmen, Markt, Umwelt

❑ **Makroumwelt** mit

○ Ökonomischen Faktoren   ○ Sozio-kulturellen Faktoren
○ Technologischen Faktoren   ○ usw. (Hierauf wird im Rahmen der Mar-
                                ketingplanung näher eingegangen)

❑ **Mikroumwelt** mit den unmittelbar Beteiligten

Anbieter	○ Hersteller (Konsum-, Investitionsgüterhersteller)
	○ Handel (Einzelhandel, Großhandel)
	○ Absatzhelfer
	  - Handelsvertreter
	  - Makler
	  - Kommissionäre

Kunden	○ Industrielle Abnehmer ○ Handel ○ Private Personen ○ Handwerk ○ Öffentliche Unternehmen
Lieferanten	○ Deutsche Lieferanten ○ Ausländische Lieferanten
Absatzhelfer / Absatzmittler	○ Handel (Einzel-, Groß-, Export-, Importhandel) ○ Handelsvertreter ○ Kommissionäre ○ Spediteure

Von besonderer Bedeutung ist dabei stets das Zusammenwirken der Marktteilnehmer im Rahmen des jeweiligen Kaufentscheidungsprozesses.

8. Der Kaufentscheidungsprozess

Unter einem Kaufentscheidungsprozess versteht man den Prozess von Beginn der Beschäftigung mit einer Kaufentscheidung bis zum Kaufabschluss. In der Literatur und der Praxis unterscheidet man je nach Kaufobjekt und Kaufbeteiligten in verschiedene unterschiedliche Phasen und Prozessabläufe.

8.1 Kaufentscheidungsprozesse von Konsumenten

Bei Kaufentscheidungen von Konsumenten geht man davon aus, dass sich aus einem Bedürfnis einer Person ein Bedarf entwickelt, der sich bei der Möglichkeit der Finanzierung in Nachfrage entwickelt und zu einem Kaufentschluss führt.

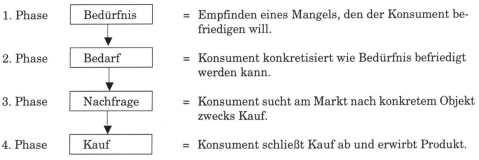

1. Phase	Bedürfnis	= Empfinden eines Mangels, den der Konsument befriedigen will.
2. Phase	Bedarf	= Konsument konkretisiert wie Bedürfnis befriedigt werden kann.
3. Phase	Nachfrage	= Konsument sucht am Markt nach konkretem Objekt zwecks Kauf.
4. Phase	Kauf	= Konsument schließt Kauf ab und erwirbt Produkt.

Abb. A7: Kaufentscheidungsprozess von Konsumenten (vereinfacht)

Kaufentscheidungsprozesse von Konsumenten unterscheiden sich von den Kaufentscheidungsprozessen im Business-to-Business-Bereich (industrielle Kaufentscheidungsprozesse) durch:

- ❏ den Ablauf der Kaufentscheidungsprozesse
- ❏ die Anzahl der am Kauf Beteiligten
- ❏ die Art der Kaufentscheidung
- ❏ die Dauer der Kaufentscheidungsprozesse
- ❏ die Motive zum Kauf.

8.2 Kaufentscheidungsprozesse von Unternehmen

Aufgrund des Unternehmensziels ergibt sich für die Unternehmen ein Bedarf an Roh-, Hilfs- sowie Betriebsstoffen und Investitionsgütern.

Dieser unternehmensspezifische Bedarf ist der sog. **abgeleitete Bedarf** aus den von den Unternehmen hergestellten Endprodukten. Sofern die gesuchten Objekte die Anforderungen erfüllen und die Finanzierung gesichert ist, erfolgt ein Kauf.

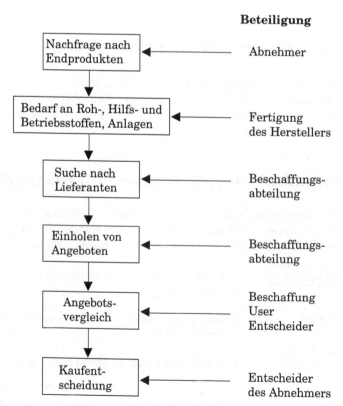

Abb. A8: Industrieller Kaufentscheidungsprozess

Grundsätzlich lassen sich beim allgemeinen Kaufentscheidungsprozess verschiedene Arten von Kaufentscheidungen unterscheiden.

❑ **Habitualisierte Kaufentscheidungen** / Gewohheits
Bei diesem Kauftyp wird der Kauf eines Produktes gewohnheitsmäßig ohne große kognitive Steuerung ausgeführt.

Beispiele: - Verbrauchsgüter des täglichen Bedarfs (Seife, Zigaretten, Bier)
- Gebrauchsgüter (Marken-Jeans, Haushaltsgeräte)
- alle markentreuen Produkte

❑ **Extensive Kaufentscheidungen**
Hier betreibt der Käufer eine intensive Suche nach Informationen, Beratung und Beurteilung. Daher nimmt der Kaufentscheidungsprozess relativ viel Zeit in Anspruch.

Beispiele: - neue technische Produkte (Innovationen)
- Modeerzeugnisse (Bekleidung)
- Hochpreisige Produkte (Häuser, PKW)
- Risikobehaftete Entscheidungen (Anlagen)

❑ **Limitierte Kaufentscheidungen**
liegen vor, wenn nur eine begrenzte Anzahl von Produkten in die engere Auswahl gelangen. Hierbei werden dann nur diese bekannten Alternativen miteinander verglichen und dann wird entschieden. Typische Beispiele dafür sind alle Wiederholungskäufe.

Beispiele: - Schuhe
- Urlaubsreisen
- Handwerkerleistungen

❑ **Impulsive Kaufentscheidungen**
liegen dann vor, wenn der Käufer sich unmittelbar auf bestimmte Reize (Form, Aussehen, Geruch, Geschmack, Werbung) für einen Kauf entscheidet. Der Impulskauf ist hauptsächlich affektgesteuert.

Beispiele: - Spontankäufe an Point of Sale (PoS)
- Käufe aufgrund von Werbeaktivitäten
- Käufe aufgrund von Mund-zu-Mund-Werbung.

④ 4

Erklären Sie, was man unter den in diesem Kapitel behandelten Begriffen versteht:

- Verkäufermarkt
- Käufermarkt
- Marketing
- Kundenorientierung
- Marketingpolitische Instrumente
- Profit Marketing
- Non-Profit Marketing
- Social Marketing
- Konsumgüter
- Konsumgütermarketing
- Investitionsgüter
- Investitionsgütermarketing
- Dienstleistungen
- Dienstleistungsmarketing
- Markt
- Marktveranstaltungen
- Marktkriterien

- Marktgrößen
- Marktvolumen
- Marktpotential
- Absatzvolumen
- Absatzpotential
- Marktsättigung
- Marktanteil absolut
- Marktanteil relativ
- Marketingumwelt
- Makroumwelt
- Mikroumwelt
- Anbieter
- Kunden
- Lieferanten
- Absatzhelfer/-mittler
- Kaufentscheidungsprozesse
- Arten von Kaufentscheidungsprozessen

Seite 147

B. Marketingmanagementprozess

1. Prozessablauf

Der **Marketingmanagementprozess** versucht die Erfolgschancen des Unternehmens durch systematisches und konsequentes Analysieren, Konzipieren und Realisieren auf dem Markt bestmöglich zu gestalten.

Im Einzelnen besteht der Prozess des Marketingmanagement aus folgenden Schritten:

Abb. B1: Prozess des Marketingmanagement

Ausgangspunkt für den Marketingmanagementprozess ist die **Situationsanalyse**. Sie beinhaltet in der Regel folgende Analysen:

❑ Umweltanalyse
❑ Marktanalyse
❑ Stärken-Schwächen-Analyse
❑ Konkurrenzanalyse.

1.1 Umweltanalyse

Die **Umweltanalyse** bezieht sich auf die auf den Markt einwirkenden Faktoren
wie

- ❑ technologische Faktoren
- ❑ sozio-kulturelle Faktoren
- ❑ ökonomische Faktoren

- ❑ ökologische Faktoren
- ❑ rechtliche Faktoren
- ❑ physische Faktoren

Im Rahmen der **Umweltanalyse** werden sowohl quantitative als auch qualitative
Daten untersucht.

Informationsprogramm Umweltanalyse

	positiv				negativ
❑ **Technologische Faktoren**					
- Produktionstechnologie	☐	☐	☐	☐	☐
- Prozessinnovation	☐	☐	☐	☐	☐
- Produktinnovation	☐	☐	☐	☐	☐
- Substitutionstechnologie	☐	☐	☐	☐	☐
❑ **Physische Faktoren**					
- Vorhandensein von Rohstoffen	☐	☐	☐	☐	☐
- Verfügbarkeit von Energie	☐	☐	☐	☐	☐
- Infrastruktur	☐	☐	☐	☐	☐
- Bevölkerungsentwicklung	☐	☐	☐	☐	☐
❑ **Ökonomische Faktoren**					
- Konjunktur	☐	☐	☐	☐	☐
- Beschäftigungslage	☐	☐	☐	☐	☐
- Währungssituation	☐	☐	☐	☐	☐
- Entwicklung des Volkseinkommens	☐	☐	☐	☐	☐
❑ **Ökologische Faktoren**					
- Umweltbewusstsein	☐	☐	☐	☐	☐
- Recyclingverhalten	☐	☐	☐	☐	☐
- Ressourcenreduktion	☐	☐	☐	☐	☐
- Zukunftsorientierung	☐	☐	☐	☐	☐
❑ **Sozio-kulturelle Faktoren**					
- Wertesysteme	☐	☐	☐	☐	☐
- Arbeitsneutralität	☐	☐	☐	☐	☐
- Konsumverhalten	☐	☐	☐	☐	☐
- Sparneigung	☐	☐	☐	☐	☐
- Freizeitverhalten	☐	☐	☐	☐	☐
❑ **Ökologische Faktoren**					
- Politische Entwicklung	☐	☐	☐	☐	☐
- Wirtschaftspolitische Entwicklung	☐	☐	☐	☐	☐
- Steuerliche Entwicklung	☐	☐	☐	☐	☐
- Arbeitsgesetze	☐	☐	☐	☐	☐
- Gewerkschaften	☐	☐	☐	☐	☐

Abb. B2: Beispiel für Umweltanalyse

© 5 Zeigen Sie, welche Faktoren für eine Bierbrauerei

1. aus der Umweltanalyse und
2. aus der Wettbewerbsanalyse

von Bedeutung sind.

Seite
147

1.2 Marktanalyse

Im Rahmen der **Marktanalyse** werden sowohl quantitative als auch qualitative Aspekte des infrage kommenden Marktes untersucht.

❑ **Quantitative Daten**	positiv				negativ
- Marktpotential	☐	☐	☐	☐	☐
- Marktvolumen	☐	☐	☐	☐	☐
- Marktanteil	☐	☐	☐	☐	☐
- Marktwachstum	☐	☐	☐	☐	☐
- Sättigungsgrad	☐	☐	☐	☐	☐
- Entwicklungsstand	☐	☐	☐	☐	☐
- Substituierbarkeit	☐	☐	☐	☐	☐
- Kaufkraft	☐	☐	☐	☐	☐
- Eintrittsbarrieren	☐	☐	☐	☐	☐
-					
❑ **Qualitative Daten**	positiv				negativ
- Bedürfnisstruktur	☐	☐	☐	☐	☐
- Kaufprozesse	☐	☐	☐	☐	☐
- Kaufmotive	☐	☐	☐	☐	☐
- Informationsverhalten	☐	☐	☐	☐	☐
- Image	☐	☐	☐	☐	☐
- Wettbewerbsmentalität	☐	☐	☐	☐	☐
-					

Abb. B3: Marktanalyse

1.3 Stärken-Schwächen-Analyse

Aufgabe einer **Stärken-Schwächen-Analyse** ist es ein Profil der wichtigen Leistungsfaktoren des Unternehmens zu erstellen, die jeweiligen Stärken und Schwächen zum stärksten Konkurrenten zu ermitteln und daraus Erkenntnisse für die eigene Kompetenz zu gewinnen.

Mithilfe eines **Stärken-Schwächen-Profils** kann eine Veranschaulichung der Beurteilung des Unternehmens, des Bereichs, der Produktgruppe bzw. des Produktes erfolgen.

Erfolgsfaktoren Beurteilung

	positiv				negativ
❏ Produkt	☐	☐	☐	☐	☐
❏ Marktanteil	☐	☐	☐	☐	☐
❏ Preis	☐	☐	☐	☐	☐
❏ Kundendienst	☐	☐	☐	☐	☐
❏ Image	☐	☐	☐	☐	☐
❏ Kostensituation	☐	☐	☐	☐	☐
❏ Finanzsituation	☐	☐	☐	☐	☐
❏ Marketingkonzept	☐	☐	☐	☐	☐

Abb. B4: Stärken-Schwächen-Profil

Die **Stärken-Schwächen-Analyse** verbindet man mit der sogenannten Chancen-Risiken-Analyse zur **SWOT-Analyse**.

Dabei bedeutet:

S = Strengths (Stärken)	O = Opportunities (Chancen)
W = Weakness (Schwächen)	T = Threats (Risiken)

Je nachdem, wie die internen Stärken, Schwächen, die unternehmensexternen Chancen und Risiken gesehen werden, ergeben sich unterschiedliche strategische Vorgehensweisen.

Unter- Externe nehmensspezifische	Chancen		Risiken	
Stärken	Investieren	**I**	Absichern	**II**
Schwächen	Ausgleichen	**III**	Basisabsicherung	**IV**

Tabelle B1: SWOT-Analyse

Feld I gibt die Situation wieder, in der durch investieren ein Marktdurchbruch geschafft werden kann.

Feld II zeigt auf, dass bei den externen Risiken die Marktsituation abgesichert werden soll.

In Feld III sollen die Schwächen beseitigt werden und in Feld IV nimmt man eine Basisabsicherung auf dem Markt vor.

Neben der Stärken-Schwächen-Analyse ist eine Konkurrenzanalyse durchzuführen. Dabei geht es darum die eigenen Leistungen und Möglichkeiten mit denen der Konkurrenz zu vergleichen. Ein derartiger Vergleich kann sich an den verschiedenen Funktionsbereichen orientieren.

Konkurrenten			
Bereich	Unternehmen A	Unternehmen B	Unternehmen C
• **Programmbereich** - Leistungen/Produkte - Programmumfang - Produktqualität - Programmstruktur usw.			
• **Marketingbereich** - Marktanteil - Produktimage - Unternehmensimage - Absatzsystem - Werbekonzeption - Kundenorientierung usw.			
• **Personalbereich** - Personalqualifikation - Personalmotivation - Führungsstil - Betriebsklima usw.			

Abb. B4: Konkurrenzanalyse

Vergleicht man die Leistungen in einzelnen Funktionsbereichen, wie z. B. Produktion, Distribution, Kommunikation mit der nach dem gegenwärtigen Erkenntnisstand bestmöglichen Leistung, so spricht man von **Benchmarking**. Benchmarking kann sowohl intern, extern als auch branchenfremd und in der eigenen Branche durchgeführt werden.

Ein Einzelhandelsunternehmen der REWE-Gruppe will durch Kundenbefragung ein Stärken-Schwächen-Profil erstellen um seine Attraktivität für Käufer zu messen.

1. Welche wichtigen Kriterien würden Sie im Rahmen der Kundenbefragung erheben?
2. Wie sollte das Ideal-Profil für das Einzelhandelsunternehmen für die 5 wichtigsten Kriterien aussehen?

Seite 147

1.4 Erfahrungskurvenkonzept

Der **Erfahrungskurveneffekt** besagt, dass die realen Stückkosten eines Produktes bei einer Verdoppelung der kumulierten Ausbringungsmenge zu einem Kostenrückgang von 20 bis 30 Prozent führen.

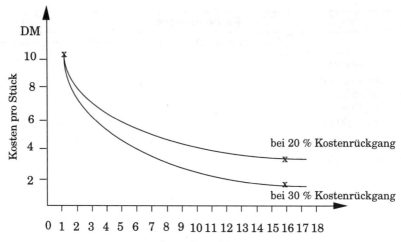

Beispiel (bei 20 % Kostenrückgang):

Produktion	Kumulierte Produktion	Kosten
1	1	10,00 DM/Stück
1	2	8,00 DM/Stück
2	4	6,40 DM/Stück
4	8	5,12 DM/Stück
8	16	4,10 DM/Stück
16	32	3,28 DM/Stück

Abb. B5: Erfahrungskurve

Die Ursachen dafür liegen in

❑ Kapazitätseffekten (bessere Nutzung)
❑ Einkaufsvorteilen
❑ Fixkostendegression
❑ Lerneffekten (schnelleres Arbeiten, weniger Ausschuss)
❑ Betriebsgrößeneffekten.

Diese Kenntnisse sind insbesondere für die Marketingplanung von Bedeutung, weil sie Hinweise auf die langfristigen Kosten- und Gewinnsituationen geben können.

Ein Unternehmen hat festgestellt, dass bei der Verdoppelung der kumulierten Ausbringungsmenge sich ihre Gesamtkosten um 30 % gesenkt haben (Erfahrungskurvenkonzept).

Zeigen Sie auf um wie viel sich die Kosten im vorliegenden Fall reduziert haben, wenn von 30 DM Kosten pro Stück ausgegangen wird. Bei welcher kumulierten Ausbringungsmenge werden 3,53 DM Kosten pro Stück erreicht?

Seite 148

1.5 Portfolio-Analyse

Die **Portfolio-Analyse** ist ein weiteres oft angewandtes Instrument zur Ist-Analyse im Rahmen des Marketingprozesses. Dabei werden bestimmte Bereiche (Strategische Geschäftseinheiten, Produktbereiche, Produktgruppen, Produkte) nach den Kriterien

- **Marktwachstum** und
- **relativer Marktanteil.**

bewertet und in einer zweidimensionalen Darstellung graphisch dargestellt (siehe Abb. Marktanteil-Marktwachstums-Matrix (4-Felder-Portfolio-Matrix)). Die erste derartige Darstellung wurde von der Boston Consulting Group erstellt mit den Achsen Marktwachstum und relativer Marktanteil.

Eine bekannte Weiterentwicklung ist die Portfoliodarstellung nach McKinsey, wobei als Achsenbezeichnung **Marktattraktivität** und **relative Wettbewerbsvorteile** gewählt werden.

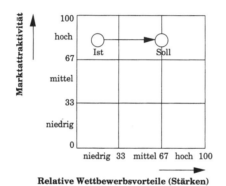

Abb. B6: 9-Felder-Portfolio-Matrix *(McKinsey)*

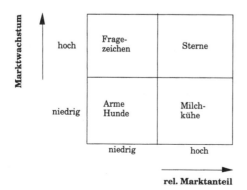

Abb. B7: Marktanteil-Marktwachstums-Matrix *(Boston Consulting Group)*

Je nach Marktsituation und Marktanteil werden die zu beurteilenden Produkte, Produktgruppen und strategischen Geschäftseinheiten in entsprechende Felder eingeordnet. Man unterscheidet dabei:

❏ **Sterne** (Stars) sind besonders erfolgreiche Produkte, die große finanzielle Mittel erwirtschaften, die sie jedoch zur Finanzierung des eigenen Wachstums benötigen.

❏ **Milchkühe** (Cash cows) sind erfolgreiche Produkte auf reifen Märkten, die finanzielle Mittel freisetzen.

❏ **Fragezeichen** (Question Marks) sind Produkte, bei denen die Entwicklung noch unklar ist. Sie benötigen finanzielle Mittel um erfolgreich zu sein.

❏ **Arme Hunde** (Poor Dogs) sind Produkte mit geringen Marktaussichten und unbedeutender Marktstellung.

Aufgrund der jeweiligen Positionierung empfehlen sich bestimmte Marktstrategien für die einzelnen Felder:

Produkte	Strategie
Sterne (Stars)	investieren, ausbauen, Umsatz steigern
Milchkühe (Cash cows)	Gewinn abschöpfen, Marktanteil halten
Fragezeichen (Question Marks)	desinvestieren oder investieren
Arme Hunde (Poor Dogs)	desinvestieren, verkaufen oder am Markt halten

Tabelle B2: Marketingstrategien aufgrund einer Portfolio-Analyse

Das grundsätzliche Vorgehen bei der Marktattraktivitäts-Wettbewerbsvorteil-Analyse zeigt die nachfolgende Darstellung von *Pümpin*.

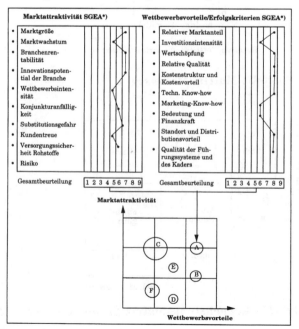

Abb. B8: Marktattraktivitäts-Wettbewerbsvorteil-Matrix

Die Portfolio-Analyse kann zur Ermittlung der Ist-Situation beitragen und Hilfestellung bei der Festlegung des Soll-Zustandes geben.

Positionieren Sie die folgenden Unternehmen in der Portfolio-Matrix (4-Felder-Matrix):

	Markt	Relativer Marktanteil
Unternehmen A	Bier	3,0
Unternehmen B	PC	10,0
Unternehmen C	Handy	0,01

Seite 148

2. Marketingkonzeption

Die bisher gewonnenen Informationen aus der Situationsanalyse können Hilfestellung bei der Entwicklung des Soll-Zustandes und der Marketingkonzeption geben.

Dazu ist es jedoch notwendig u. a. folgende Fragen zu beantworten:

❑ Welche Ziele sollen erreicht werden (Zielinhalt)?
❑ Wie sollen die Ziele erreicht werden (Strategie)?
❑ In welchem Umfang (Zielausmaß)?
❑ In welchem Zeitraum (Zeitraum)?

Je nachdem spricht man von **strategischer** oder **operativer** bzw. **kurzfristiger** oder **langfristiger** Marketingkonzeption.

Die Instrumente zur Entwicklung der jeweiligen Marketingkonzeption sind:

❑ Gap-Analyse (Ziel-Lücken-Analyse)
❑ Produkt-Markt-Matrix (Ansoff)
❑ Wettbewerbsmatrix (Porter).

2.1 Gap-Analyse

Aufgabe der **Gap-Analyse** ist es aufzuzeigen, welche Differenz zwischen dem angestrebten Soll-Zustand und dem ohne zusätzliche Marketingaktivitäten erreichbaren Zustand besteht und wie diese Lücke grundsätzlich geschlossen werden kann.

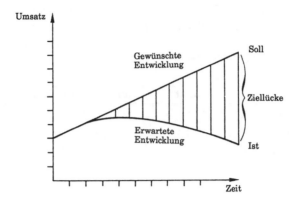

Abb. B9: Einfache Gap-Analyse

Wie die Ziellücke geschlossen werden kann, zeigt die differenzierte Gap-Analyse und im Weiteren die Produkt-Markt-Matrix auf.

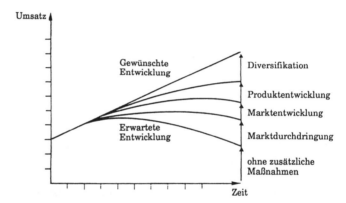

Abb. B10: Differenzierte Gap-Analyse

Im Einzelnen sind dies:

❑ Marktdurchdringung
❑ Marktentwicklung
❑ Produktentwicklung
❑ Diversifikation.

2.2 Produkt-Markt-Matrix

Die Strategien um die Ziellücke zu schließen lassen sich mit Hilfe der Produkt-Markt-Matrix entwickeln.

Im Einzelnen werden grundsätzlich folgende Strategien unterschieden:

❑ **Strategische Marktdurchdringung** bedeutet: zusätzlicher Einsatz marketingpolitischer Maßnahmen auf dem bestehenden Markt, wie z. B.:

- intensivere Marktbearbeitung
- Steigerung der Werbung
- Erhöhung der Verkaufsförderungsmaßnahmen
- Preissenkungsaktivitäten
- Schaffung von Präferenzen

Märkte Produkte, Leistungen	bestehende	neue
bestehende	**Marktdurchdringung** └─► Marktbesetzung └─► Verdrängung	**Marktentwicklung** └─►Internationalisierung └─►Marktsegmentierung
neue	**Produktentwicklung** └─►Produktinnovation └─►Produktdifferenzierung	**Diversifikation** ├─► vertikale Diversifikation ├─► horizontale Diversifikation └─► laterale Diversifikation

Abb. B11: Produkt-Markt-Matrix *(nach Ansoff)*

Die Zielsetzung ist dabei primär:

- Erhöhung der Verbrauchsintensität
- Neukundengewinnung
- Steigerung der Einsatzmöglichkeiten des Angebots
- Gewinnung von Kunden der Wettbewerber

❑ **Strategische Marktentwicklung** bedeutet: Erschließung bisher noch nicht bearbeiteter Märkte mit den bisherigen Produkten und Leistungen, wie z. B.

- neue Märkte (neue Bundesländer, Internationalisierung)
- neue Teilmärkte (andere Verwendungsbereiche)
- neue Abnehmer (Nutzungsmöglichkeiten)

Primäre Zielsetzung ist eine Markt- und Umsatzausweitung.

❑ **Strategie der Produktentwicklung** bedeutet neue Produkte auf dem bisherigen Markt anzubieten.

- Produktinnovationen
- Me-too-Produkte
- Produktdifferenzierungen

Primäre Zielsetzung ist dabei die Stärkung der Marktposition und Steigerung des Marktanteils.

❑ **Diversifikationsstrategie**: Hierbei versucht man für das Unternehmen neue Produkte auf neuen Märkten anzubieten. Im Einzelnen unterscheidet man in:

- horizontale Diversifikation
- vertikale Diversifikation (Vorwärts-, Rückwärtsintegration)
- laterale Diversifikation.

Primäre Zielsetzungen dieser Strategie sind:

- Risikostreuung
- Steigerung des Wachstums
- Steigerung der Wertschöpfung
- Erzielung von Synergieeffekten
- Absatzsicherung
- Kapazitätsauslastung
- neue Märkte.

 Zeigen Sie auf, welche Maßnahmen eine Bierbrauerei aufgrund der Produkt-Markt-Matrix im Rahmen der 4 Standardstrategien durchführen kann! Seite 148

 Sie sind als junger Diplom-Betriebswirt in ein SB-Warenhaus mit lokalem Einzugsgebiet eingetreten und sollen prüfen, welche der 4 Standardstrategien der Produkt-Markt-Matrix geeignet sind um eine Umsatzsteigerung zu erzielen. Welche Maßnahmen sind dabei im Einzelnen zu ergreifen? Seite 149

2.3 Markt-Produktstrategien

Neben den Entscheidungen im Hinblick auf die angebotenen Produkte und Märkte ist zu entscheiden, wie viele Produkte auf welchem Markt (Gesamt- oder Teilmarkt) mit welcher Grundstrategie angeboten werden.

Dabei kann die Übersicht von Abell Hilfe bieten, die aufzeigt, welche Alternativen zwischen der vollen Marktabdeckung und der Konzentration auf Teilmärkten bestehen.

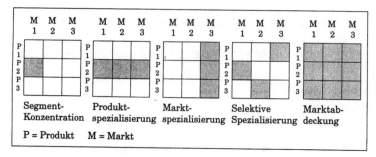

Abb. B12: Markt- und Produktstrategien *(Quelle: Abell)*

Um eine differenzierte Marktbearbeitung durchführen zu können, bedarf es einer entsprechenden Marktsegmentierung.

Unter **Marktsegmentierung** versteht man die systematische Aufteilung eines Marktes in homogene Teilmärkte um diese Teilmärkte differenziert bearbeiten zu können.

Kriterien für Marktsegmentierungen können sein:

❑ **Geographische Merkmale**

○ Staaten	○ Städte
○ Bundesländer	○ Bezirke

❑ **Demographische Merkmale**

○ Alter	○ Familienstand
○ Geschlecht	○ Beruf

❑ **Psychographische Merkmale**

○ Lebensstile	○ Aktivitäten
○ Einstellungen	○ Interesse

❑ **Verhaltensorientierte Merkmale**

○ Kaufverhalten	○ Besitz
○ Markentreue	○ Verwendung

Je genauer die Marktsegmentierung erfolgen kann um so effizienter ist eine Marktbearbeitung und eine entsprechende Wettbewerbsstrategie möglich.

2.4 Wettbewerbsstrategien

Nach *Porter* bieten sich drei unterschiedliche Wettbewerbsstrategien an:

❑ **Differenzierungsstrategie** bedeutet, dass sich ein Unternehmen von der Konkurrenz durch sein Produkt, das Design, die Qualität, den Kundendienst, usw. abhebt. Man strebt dabei ein USP (Unique Selling Proposition) an.

❑ **Kostenführerschaft** bedeutet, durch geringe Kosten ein günstiges Preis-Leistungs-Verhältnis bei relativ niedrigen Verkaufspreisen einen Vorsprung gegenüber den Konkurrenten zu erzielen. Durch die niedrigen Verkaufspreise werden neue Konkurrenten am Markteintritt gehindert.

❑ **Konzentrationsstrategie**: Durch die Konzentration auf eine begrenzte Anzahl von Abnehmern und eigene Schwerpunkte wird ein bestmöglicher Erfolg erzielt.

Abb. B13: Wettbewerbsmatrix *(Porter)*

2.5 Marktstrategien

Nach Untersuchung und Analyse der Situation und Möglichkeiten mithilfe der dargestellten Methoden und Verfahren, gilt es den strategischen Marketingplan aufzustellen. Dabei kann das **„strategische Spielbrett"** Hilfestellung leisten, indem es aufzeigt:

❑ Wo ein Unternehmen aktiv werden soll?
❑ Wie dabei vorzugehen ist?

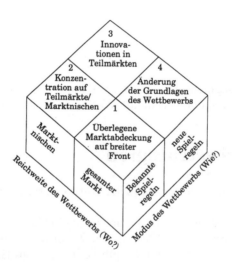

Abb. B14: Das strategische „Spielbrett" *(nach McKinsey)*

Das Ergebnis der Überlegungen zur Strategiefestlegung im Marketing findet seinen Niederschlag im strategischen Marketingplan.

3. Strategischer Marketingplan

Der strategische Marketingplan soll im Allgemeinen enthalten (nach *Köhler*):

I. Marktstrategie
- Märkte (Marktsegmente)
- Angebot
- Produktstrategie

II. Marktauftrittsstrategie (im Hinblick auf)
- Nachfrager
- Konkurrenten
- Handel

III. Marketing-Mix-Strategie
- Produktpolitik
- Preispolitik
- Distributionspolitik
- Kommunikationspolitik

IV. Strategische Ziele
- Markt
- Produkt
- Image
- Distribution

Abb. B15: Strategischer Marketing Plan (Struktur)

4. Operativer Marketingplan

Während der Strategische Marketingplan die Zielrichtung und Strategie für das Marketing aufzeigt, enthält der operative Marketingplan die konkreten marketing-politischen Maßnahmen für die Märkte.

Der operative Marketingplan enthält i.d.R. alle marketingpolitischen Maßnahmen eines Unternehmens bis zu maximal einem Jahr.

1. **Zusammenfassung der wichtigsten Ergebnisse**
   (Kurzkommentar)

2. **Marktsituation des Unternehmens**
   2.1 Gegenwärtige Situation des Gesamtmarktes und Teilmarktes
   2.2 Voraussichtliche Entwicklung der Märkte
   2.3 Situation und Entwicklung der eigenen Branche
   2.4 Situation und Entwicklung der wichtigsten Abnehmer
   2.5 Stärken und Schwächen des eigenen Unternehmens
   2.6 Zusammenfassende Gesamtbeurteilung der Marktsituation

3. **Marketingziele**
   3.1 Unternehmensziele
   3.2 Marketingziele
       3.2.1 Wichtigste Marktziele
           (Marktanteil, Bekanntheitsgrad, Distributionsdichte, Image)
       3.2.2 Aus den Marktzielen sich ergebende Ziele für Bereiche,
           Abteilungen, Produktgruppen und Produkte

4. **Marketingmaßnahmen**
   4.1 Produktpolitik
       4.1.1 Produktgestaltung
       4.1.2 Programm- bzw. Sortimentspolitik
       4.1.3 Kundendienstpolitik
       4.1.4 Garantieleistungspolitik

   4.2 Kontrahierungspolitik
       4.2.1 Preispolitik
       4.2.2 Liefer- und Zahlungsbedingungen
       4.2.3 Kreditpolitik
       4.2.4 Rabattpolitik

   4.3 Distributionspolitik
       4.3.1 Absatzwegepolitik
       4.3.2 "Handelspolitik"
       4.3.3 Vertriebsbindung
       4.3.4 Marketing-Logistik

   4.4 Kommunikationspolitik
       4.4.1 Werbung
       4.4.2 Verkaufsförderung
       4.4.3 Persönlicher Verkauf
       4.4.4 Öffentlichkeitsarbeit

5. **Marketing-Kosten**
   5.1 Kosten für Marketingmaßnahmen
   5.2 Kosten der Auftragserzielung
   5.3 Kosten der Auftragsbearbeitung
   5.4 Kosten der Auftragsausführung

Abb. B16: Kurzfristiger Marketingplan

Um den operativen Marketingplan effektiv umsetzen zu können, bedient man sich verschiedener **Planungstechniken**, wie z. B. von

❏ **Checklisten** um allgemeine Anweisungen für die Realisation zu geben

❏ **Budgetierung** um den finanziellen und materiellen Rahmen festzulegen

❏ **Netzplänen** um den sachlichen und zeitlichen Ablauf bestimmter Prozesse genau festzulegen

❏ **Entscheidungsbäumen** um die Wahrscheinlichkeit des Eintritts bestimmter Zustände abzuschätzen

❏ **Linearer Programmierung** um eine optimale Lösung für ein bestimmtes genau definiertes Problem zu finden.

> **11**

Erklären Sie, was man unter den in diesem Kapitel behandelten Begriffen versteht:

❏ Marketingmanagementprozess	❏ Produktentwicklung
❏ Situationsanalyse	❏ Diversifikation
❏ Umweltanalyse	❏ Markt-Produkt-Strategien
❏ Marktanalyse	❏ Marktsegmentierung
❏ Stärken-Schwächen-Analyse	❏ Kriterien der Marktsegmentierung
❏ Konkurrenzanalyse	❏ Wettbewerbsstrategie
❏ Erfahrungskurvenkonzept	❏ Differenzierungsstrategie
❏ Portfolio-Analyse	❏ Kostenführerschaft
❏ Marketingkonzeption	❏ Konzentration
❏ Gap-Analyse	❏ Marktstrategie
❏ Produkt-Markt-Matrix	❏ Strategisches Spielbrett
❏ Marktdurchdringung	❏ Strategischer Marketingplan
❏ Marktentwicklung	❏ Operativer Marketingplan

> Seite 149

C. Informationsbeschaffung

1. Ziele und Aufgaben der Marktforschung

Um im Marketing die richtigen Ziele und Strategien zu finden und die geeigneten marketingpolitischen Instrumente einsetzen zu können, ist es erforderlich zuverlässige Informationen über den Markt zu gewinnen.

Diese Aufgabe obliegt der **Informationsbeschaffung** für das Marketing. Sie soll dazu dienen:

- ❑ den Markt besser kennen zu lernen
- ❑ das Risiko von Fehlentscheidungen zu verringern
- ❑ etwaige Marketingprobleme zu erkennen
- ❑ Marketingziele formulieren zu helfen
- ❑ die „richtigen" Marketinginstrumente auszuwählen und einzusetzen
- ❑ eine Erfolgskontrolle durchzuführen.

Im Rahmen der Informationsbeschaffung für das Marketing durch Marktuntersuchungen unterscheidet man in folgende Bereiche.

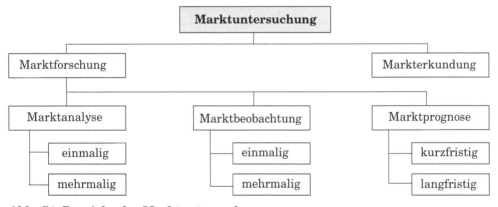

Abb. C1: Bereiche der Marktuntersuchung

Den Unterschied zwischen **Markt- und Marketingforschung** zeigt die folgende Abbildung:

Marktforschung		
Externe Informationen		Interne Informationen
Beschaffungsmarkt-forschung	Absatzmarkt-forschung	
	Marketingforschung	

Abb. C2: Abgrenzung zwischen Markt- und Marketingforschung

Stellt sich im Rahmen der betrieblichen Tätigkeiten ein Informationsproblem im Marketing, so empfiehlt sich grundsätzlich folgendes Vorgehen:

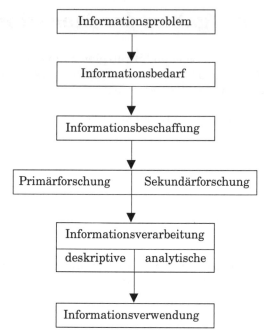

Abb. C3: Ablauf der Informationsbeschaffung

2. Sekundärforschung

Marketingforschung kann sich auf die Gewinnung, Analyse und Auswertung von Daten beziehen, die bereits für andere Zwecke erhoben wurden. Ist dies der Fall spricht man von **Sekundärforschung**.

Die Sekundärforschung kann sich auf interne und externe Datenquellen stützen. Ist damit das Problem zu lösen, kann es in der Regel schnell und kostengünstig gelöst werden.

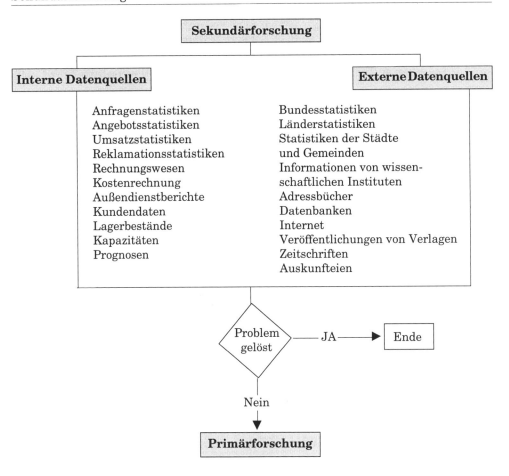

Abb. C4: Sekundärforschung

Die Vor- und Nachteile der **Sekundärforschung** zeigt die folgende Abbildung.

Sekundärforschung	
Vorteile	**Nachteile**

○ Schnelle Informationsbeschaffung
○ Kostengünstige Informationsbe-
   schaffung
○ kann Primärforschung unterstützen
○ weist oft die genauen Werte aus
   (z.B. gesetzliche Grundlage)
○ gibt schnell einen Einblick in die Unter-
   suchungsgebiete
	○ Informationen sind nicht immer genau
	   für das Problem geeignet
	○ dauert lange Zeit bis zur Verfügbarkeit
	○ auch Konkurrenz hat Zugriff darauf
	○ Daten sind oft veraltet

Abb. C5: Vor- und Nachteile der Sekundärforschung

Wenn damit das Problem nicht gelöst werden kann, ist eine **Primärforschung** (field research) durchzuführen. In diesem Fall muss das Unternehmen bzw. ein beauftragtes Marktforschungsinstitut selbst die Informationen erheben. Die Informationen lassen sich dann im Rahmen einer **Voll- oder Teilerhebung** gewinnen.

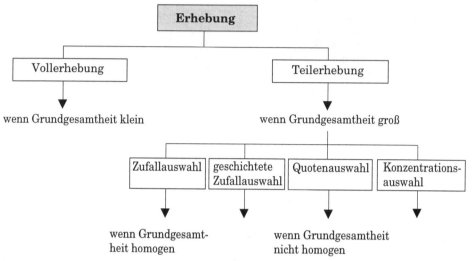

Abb. C6: Erhebungen und Grundgesamtheit

Eine **Vollerhebung** liegt dann vor, wenn alle Einheiten (z.B. Personen, Unternehmen, Frauen) einer Grundgesamtheit in die Erhebung einbezogen werden. Dies ist jedoch nur sehr selten aus Kosten- und/oder Zeitgründen möglich (z.B. alle Raucherinnen, alle Autofahrer, alle Leser der Bildzeitung).

Beispiele für Vollerhebungen:

❑ Alle Mitglieder einer Partei
❑ Alle Personen eines Landes (Volkszählung)
❑ Angehörige einer Berufsgruppe
❑ Alle Käufer einer bestimmten PKW-Marke.

Da Vollerhebungen nicht immer durchführbar sind muss man **Teilerhebungen** durchführen, d.h. man wählt nach bestimmten Kriterien Einheiten aus der Grundgesamtheit aus, die Aussagen über die Grundgesamtheit ermöglichen sollen.

Beispiele für Teilerhebungen:

❑ Zeitungsleser
❑ Raucher
❑ Angehörige einer Berufsgruppe
❑ Fernsehzuschauer
❑ Telefonteilnehmer
❑ Messebesucher.

Geben Sie mindestens 5 Beispiele, in denen Vollerhebungen auf dem Markt durchgeführt werden können.

Seite 149

3. Primärforschung

Primärforschung liegt dann vor, wenn auf dem Markt erstmalig Daten erhoben werden. Dabei lassen sich diese Daten bei allen in Frage kommenden Personen erheben (= Vollerhebung) oder nur bei einem Teil der Grundgesamtheit (Teilerhebung). Die möglichen Verfahren zeigt die folgende Abbildung.

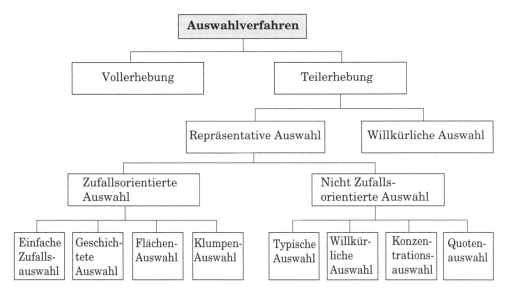

Abb. C7: Auswahlverfahren

Die obige Übersicht vermittelt einen Überblick über die verschiedenen Auswahlverfahren.

Eine **repräsentative Auswahl** liegt vor, wenn mit dem Auswahlverfahren ein repräsentatives Bild der Grundgesamtheit gewonnen werden soll (z.B. Stichprobenverfahren).

Eine **willkürliche Auswahl** liegt dann vor, wenn aufs Geradewohl Personen ausgewählt werden, die nicht repräsentativ oder in der Struktur nicht der Grundgesamtheit entsprechen.

Beispiele:

❑ Benutzer der Bahn in den Morgenstunden
❑ Marktbesucher
❑ Fernsehzuschauer am Vormittag
❑ Besucher eines vegetarischen Restaurants.

Die folgende Übersicht soll die Vor- und Nachteile einiger Auswahlverfahren kennzeichnen.

Kriterien	Zufalls-auswahl	Quoten-auswahl	Konzentrations-auswahl	Typische Auswahl
Repräsen-tativ	ja	weitgehend ja	nein	nein
Vorausset-zung	Grundgesamt-heit muss bekannt sein	Struktur der Grundgesamt-heit muss bekannt sein	Struktur der Grundgesamt-heit muss bekannt sein	Typische Reprä-sentaten müssen bekannt sein
Fehler berechen-bar	ja	nein	nein	nein
Kosten	je nach Verfahren und Umfang unter-schiedlich hoch	relativ gering	gering	sehr gering
Durchfüh-rung	sehr aufwendig	schnell	schnell	schnell
Nachteile	sehr zeitaufwendig	richtige Kriterien für Problem auswäh-len	keine Aussage für alle Einheiten mög-lich	subjektives Urteil

Abb. C 8: Kurze Übersicht über einzelne Auswahlverfahren

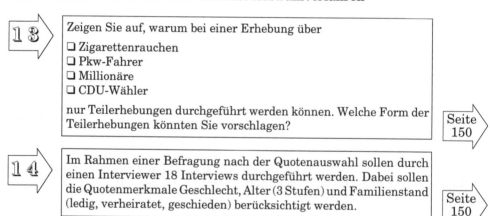

13 Zeigen Sie auf, warum bei einer Erhebung über

❏ Zigarettenrauchen
❏ Pkw-Fahrer
❏ Millionäre
❏ CDU-Wähler

nur Teilerhebungen durchgeführt werden können. Welche Form der Teilerhebungen könnten Sie vorschlagen?

Seite 150

14 Im Rahmen einer Befragung nach der Quotenauswahl sollen durch einen Interviewer 18 Interviews durchgeführt werden. Dabei sollen die Quotenmerkmale Geschlecht, Alter (3 Stufen) und Familienstand (ledig, verheiratet, geschieden) berücksichtigt werden.

Seite 150

Quotenauswahl liegt vor, wenn aus einer Grundgesamtheit, deren Struktur bekannt ist, Quoten hinsichtlich der zu Befragenden festgelegt werden. Diese Quoten werden dem Interviewer vorgegeben, sodass die Quoten der Grundgesamtheit den festgelegten Kriterien entsprechen.

Beispiel: 1.000 Personen sollen befragt werden,

davon: 500 weibliche Personen
500 männliche Personen
250 weibliche Personen verheiratet
250 weibliche Personen geschieden
250 männliche Personen verheiratet
250 männliche Personen geschieden

Markterhebungen sind mit dem Quotenauswahlverfahren kostengünstig und schnell durchzuführen. Die Qualität der Ergebnisse ist für Marketinguntersuchungen oft ausreichend.

Bei den **Zufallsorientierten Verfahren** (Stichprobenverfahren) versucht man ein „möglichst verkleinertes repräsentatives Abbild" darzustellen. Aus den Ergebnissen zieht man dann Schlüsse auf die Grundgesamtheit. Folgende Vorgehensweisen sind möglich:

❏ **Reine Zufallsauswahl**:

Hier hat jedes Element der Grundgesamtheit die gleiche Chance in die Stichprobe zu gelangen.

Beispiele:
- Lotterieprinzip (Urnenmodell)
- Zufallszahlen
- Systematische Auswahl
- Schlussziffernauswahl

Die Größe, die Aussagewahrscheinlichkeit und der Fehlerbereich einer Stichprobe lässt sich nach folgender Formel bestimmen:

n = Stichprobenumfang
z = Sicherheitsfaktor
p = Anteilsmerkmal 1 der Stichprobe
q = Anteilsmerkmal 2 der Stichprobe
e = Fehlertoleranz

$$n = \frac{z^2 \cdot p \cdot q}{e^2}$$

Ein Unternehmen möchte den Bekanntheitsgrad eines neu eingeführten Produktes ermitteln. Es wird eine Aussagewahrscheinlichkeit von 95,5 % gewünscht. Ein Fehlerbereich von ± 4 % wird als tolerierbar in Kauf genommen.

Wieviel Stichproben müssen gezogen werden?

Seite 150

❏ **Geschichtete Auswahl**:

Die Grundgesamtheit wird in mehrere Schichten mit bekannten Anteilen eingeteilt (z.B. 53 % Frauen, 47 % Männer). Aus jeder Stichprobe wird dann *eine* getrennte Stichprobe gezogen. Im Ergebnis müssen dann die Schichtenanteile den Schichtenanteilen der Grundgesamtheit entsprechen.

Beispiel: Bei einer Stichprobe von 300 Personen müssen im vorliegenden z.B. 159 Frauen und 141 Männer ausgewählt werden.

❏ **Klumpenauswahl**

Bei der Klumpenauswahl wird die Grundgesamtheit (Einzelpersonen, Unternehmen, Vereine) in sog. Klumpen aufgeteilt. Durch Zufallsauswahl wird bestimmt welche Klumpen in die Stichprobe einbezogen werden. Von den ausgewählten Klumpen werden alle Einheiten, Personen, Unternehmen in die Erhebung einbezogen.

❏ **Flächenauswahl**

Bei der Flächenauswahl werden Landkarten oder Stadtpläne zu Grunde gelegt, von denen dann Einteilungen „Teilflächen" in die Stichprobe aufgenommen werden.

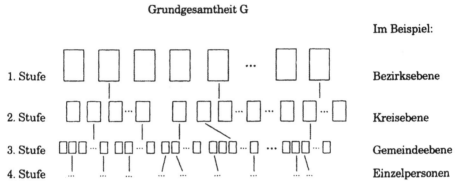

Abb. C9: (mehrstufiges) Flächenprobenverfahren

4. Erhebungsverfahren

Zur Erhebung der Daten kann man sich der Befragung, der Beobachtung, des Experiments und des Panels bedienen, wobei nur Befragung und Beobachtung eigenständige Erhebungsverfahren sind.

Das Experiment und das Panel sind bestimmte Ausgestaltungsformen von Befragung und Beobachtung.

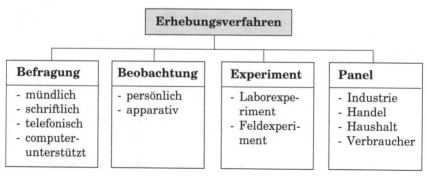

Abb. C10: Erhebungsverfahren

5. Marktforschungsmethoden

5.1 Befragung

Befragungen lassen sich als mündliche, schriftliche, telefonische, computerintegrierte und Internet-Befragungen durchführen.

Die folgende Abbildung vermittelt einen Überblick über die verschiedenen Kriterien unterschiedlicher Befragungsmöglichkeiten:

Befragungen	
Kriterium	**Form**
○ Kommunikationsform	schriftlich - mündlich - telefonisch - computerunterstützt - Internet
○ Umfang	Gesamtbefragung - Teilbefragung
○ Inhalt	Einthemen- Mehrthemenbefragung (Omnibus)
○ Häufigkeit	Einmalbefragung - Mehrfachbefragung (Panel)
○ Auswahl der zu Befragenden	Zufallsauswahl - Systematische Auswahl
○ Befragungsstrategie	Standardisiert - Nicht standardisiert
○ Befragungstaktik	Direkte Befragung - Indirekte Befragung
○ Befragungsumfeld	real - experimentell
○ Methode	persönlich - apparativ (Computer usw.)

Abb. C11: Dimensionen von Befragungen

Nicht alle Befragungsarten erfüllen bestimmte Kriterien gleich gut. Die folgende Übersicht zeigt, inwieweit die vier Basisbefragungsarten 10 ausgewählte Kriterien erfüllen können.

Kriterien	Befragungsart			
	schriftlich	telefonisch	mündlich	computer-integriert
1. Rücklaufquote	unterschiedlich	hoch	hoch	hoch
2. Beeinflussung durch Dritte	möglich	nicht möglich	kaum möglich	nicht möglich
3. Umfang der Befragung	mittelgroß	klein	groß	mittelgroß
4. Interviewereinfluss	nicht möglich	relativ groß	groß	nicht möglich
5. Genauigkeit	gering	unterschiedlich	hoch	unterschiedlich
6. Zuverlässigkeit	unterschiedlich	relativ hoch	hoch	relativ hoch
7. Geschwindigkeit der Durchführung	relativ gering	hoch	niedrig	relativ hoch
8. Kosten	niedrig	relativ niedrig	hoch	unterschiedlich
9. Repräsentanz	relativ niedrig	gering	relativ hoch	unterschiedlich
10. Erklärung der Fragen	nicht möglich	möglich	möglich	möglich

Abb. C12: Kriterien verschiedener Befragungsarten

Die verschiedenen Vor- und Nachteile jeder Befragungsart vermitteln die folgenden Abbildungen im Überblick:

Mündliche Befragung	
Vorteile	**Nachteile**
O auch schwierige Bereiche zu erfragen O umfangreiche Befragung möglich O geringe Verweigerungsrate im Vergleich zu anderen Methoden O relativ hohe Zuverlässigkeit O keine Beeinflussung durch Dritte O auch intime Bereiche erfragbar O flexible Reaktion des Interviews	O zeitaufwendig O relativ hohe Kosten je Befragung O "Interviewereinfluss" O relativ langsame Ergebnisermittlung O Erreichbarkeit des zu Befragenden unter Umständen schwierig

Abb. C13: Mündliche Befragung

Schriftliche Befragung	
Vorteile	**Nachteile**
O relativ kostengünstig O räumlich weit entfernte Personen können befragt werden O eine große Anzahl von Personen kann befragt werden O relativ niedrige Kosten je Befragung O kein Interviewereinfluss vorhanden O Annonymität kann gewahrt werden	O oft niedrige Rücklaufquote O keine komplizierten Sachverhalte erfragbar O Umfang der Befragung begrenzt O Beeinflussung durch Dritte möglich O oft geringe Genauigkeit der Ergebnisse O Verzerrungen möglich, weil sich Beantworter anders als Nichtbeantworter verhalten

Abb. C14: Schriftliche Befragung

Telefonische Befragung	
Vorteile	**Nachteile**
○ geringe Kosten ○ schnelle Durchführbarkeit (Blitzumfragen) ○ Massenbefragung möglich (TED) ○ keine Verständnisfragen (Feedback) ○ Reihenfolge der Beantwortung wird gewährleistet	○ Befragungen dürfen nicht zu lange dauern ○ Nur akustische Kommunikation (nicht bei "Bildtelefon") möglich ○ geringe Auskunftsbereitschaft ○ Gefahr von Interviewerbeeinflussung ○ Schwierige Erreichbarkeit einiger Berufe ○ Telefonbesitzer ohne allgemein zugängliche Telefonnummer nicht erreichbar

Abb. C15: Telefonische Befragung

Computerintegrierte Befragung	
Vorteile	**Nachteile**
○ keine Beeinflussung durch Interviewer ○ Reihenfolge der Beantwortung gewährleistet ○ schnell durchführbar ○ hohe Datensicherheit ○ kostengünstige Datengewinnung ○ Messung der Beantwortungszeit möglich ○ sofortige Weiterverarbeitung und Analyse	○ nicht alle Gruppen zur Befragung bereit (z.B. Senioren) ○ Kosten für Installation und Software ○ Probleme bei offener Fragestellung (nachträgliche Kodierung) ○ höhere Kosten für Interviewerschulung

Abb. C16: Computerintegrierte Befragung

Internetbefragung	
Vorteile	**Nachteile**
○ keine geographische Begrenzung der Befragung ○ schnelle Realisierung einer Befragung ○ gezielte Befragung über E-mail möglich	○ keine repräsentative Erhebungen wegen Struktur der Internetnutzer möglich ○ nicht für alle Befragungsthemen geeignet ○ nur für Befragungen von Internetnutzern möglich ○ kein vollständiges E-mail-Verzeichnis vorhanden

Abb. C17: Internetbefragung

Für das jeweils vorhandene Marktforschungsproblem ist diejenige Methode zu wählen, die sich am besten eignet.

Wie im Prinzip der Ablauf einer mündlichen Befragung mit Fragebogen gestaltet sein kann, zeigt die folgende Darstellung.

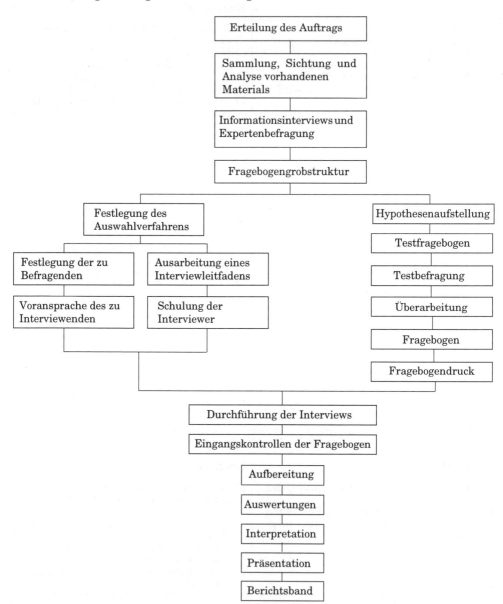

Abb. C18: Ablauf einer Befragung

5.2 Beobachtung

Unter **Beobachtungen** versteht man Datenerhebungsmethoden, die auf die Erfassung von sinnlich wahrnehmbaren Sachverhalten der aktuellen Umwelt gerichtet sind.

Beispiele:

❑ Kundenlaufstudien im Geschäft
❑ Passantenzählungen
❑ Probekäufe
❑ Blickkontaktmessung
❑ Beobachtungen von Körperreaktionen (Hautwiderstand, Pupillenreaktion, Pulsfrequenz)
❑ Beobachtungen auf der Schnellgreifbühne.

Die Vielzahl der Möglichkeiten der Ausgestaltung von Beobachtungsmethoden vermittelt die folgende Abbildung.

Beobachtung	
Kriterium	**Form**
• Art der Beobachtung	Feldbeobachtung - Laborbeobachtung
• Objekt	Einobjekt - Mehrobjekt
• Häufigkeit	Einmalbeobachtung - Mehrfachbeobachtung
• Beobachtungssituation	offen - biotisch - nicht biotisch
• Beobachtungsstrategie	standardisiert - nicht standardisiert
• Beobachtungsumfeld	real - experimentell
• Beobachter	teilnehmend - nicht teilnehmend
• Methode	menschlich - apparativ

Abb. C19: Beobachtungsstrukturen

Allgemein lassen sich Beobachtungen grob in 4 Arten von Beobachtungen einteilen:

❑ **Feldbeobachtungen** (z. B. Kundenbeobachtungen, Kundenlaufstudien, Verhaltensbeobachtungen)
❑ **Laborbeobachtungen** (z. B. Blickregistrierung, Lesebeobachtung, Schnellgreifbühne)
❑ **Teilnehmende Beobachtungen** (z. B. Testkäufer, Unerkannter Beobachter [Undercover], Schwarzfahrer)
❑ **Nicht-teilnehmende Beobachtungen** (z. B. Registrierung von Verhalten ohne dass der Beobachter beteiligt ist).

Beobachtungen bieten im Vergleich zu Befragungen zusätzliche Informations-
möglichkeiten (z.B. Erkennen des spontanen Verhaltens).

Im Einzelnen zeigt die folgende Übersicht die Vor- und Nachteile von Beobachtungen auf.

Beobachtung	
Vorteile	**Nachteile**
○ kein Intervieweinfluss ○ Auskunftsbereitschaft ist nicht er- forderlich (Feldbeobachtungen) ○ kostengünstig ○ reales Verhalten wird ermittelt (Feldbeobachtungen) ○ bei entsprechender Situation erhält man "wirklichkeitsgetreue" Ergeb- nisse	○ Motive des Verhaltens werden nicht erkannt ○ Beobachtete verhalten sich bewusst anders (Laborbeobachtung) ○ Beobachtete überlegen über die Zie- le der Beobachtung (Laborbeo- bachtung) ○ Personen zeigen "Laborsituations- verhalten"

Abb. C20: Vor- und Nachteile der Beobachtung

Sie sollen eine Erhebung zum Fahrverhalten von Frauen durchführen. Welches Erhebungsverfahren scheint Ihnen dafür um möglichst
aussagefähige Ergebnisse zu erzielen, geeignet?

Seite
150

5.3 Experiment

Unter einem **Experiment** versteht man eine Befragung und/oder Beobachtung
unter vorgegebenen Umweltbedingungen im Rahmen einer kontrollierten Ver-
suchsanordnung.

Werden die Experimente in der realen Umwelt durchgeführt, spricht man von
Feldexperimenten, werden künstliche Rahmenbedingungen geschaffen, spricht
man von **Laborexperimenten**.

Beispiele für **Feldexperimente**:

❑ Markttests (Saarland, Bremen, Berlin)
❑ Mini-Testmarkt (z.B. von GfK und Nielsen)
❑ Storetests (Ladentests)
❑ Testmarkt Haßloch (GfK).

Beispiele für **Laborexperimente**:

❑ Produkttests
❑ Anzeigentests

❑ Preistests
❑ Namenstests
❑ Verpackungstests.

In allen Experimenten versucht man die **Ursache-Wirkungsbeziehungen** zu erkennen. Das Ziel des Experiments ist stets die Überprüfung einer **Kausalhypothese**, d. h. dass bestimmte Ereignisse auf bestimmte vorher getroffene Maßnahmen zurückzuführen sind.

Im Einzelnen lassen sich vier Typen von Experimentanordnungen unterscheiden:

❑ der Messung an nur einer Gruppe oder an zwei verschiedenen zusammengesetzten Gruppen und
❑ der Vornahme des Zeitpunktes der Messung vor oder nach der Auswirkung des Testfaktors.

Die Darstellung erfolgt durch Benutzung der Abkürzungen aus der englischen Sprache für die verwendeten Begriffe. So steht:

E = Versuchsgruppe (Experimental Group)
C = Kontrollgruppe (Control Group)
B = before
A = after

Grundsätzlich ergeben sich vier verschieden Typen:

Lfd. Nr.	Typ		Versuchs-gruppe	Kontroll-gruppe	Faktor-wirkung
1	EBA	Zeitpunkt vor Auswirkung des Testfaktors (B)	x_0	-	$x_1 - x_0$
		Zeitpunkt nach Auswirkung des Testfaktors (A)	x_1	-	
2	CB-EA	B	-	y_0	$x_1 - y_0$
		A	x_1	-	
3	EBA-CBA	B	x_0	y_0	$(x_1 - x_0) - (y_1 - y_0)$
		A	x_1	y_1	
4	EA-CA	B	-	-	$x_1 - y_1$
		A	x_1	y_1	

Abb. C21: Experimente

Die Messung erfolgt dabei durch einen Vergleich des sich ergebenden Endwertes mit einem Bezugs- oder Anfangswert. Je nachdem, ob End- und Bezugswert gleichzeitig hintereinander gemessen werden, lässt sich vom Simultanexperiment oder Sukzessivexperiment sprechen. Simultanexperimente haben dabei den Vorteil, dass keine sogenannten „carry-over-effects" (z.B. aufgrund von Lernvorgängen) als Störgrößen auftreten.

Beschreibung der einzelnen Typen:

❏ **EBA-Typ** entspricht bei gleichbleibendem Untersuchungsobjekt dem Panel. Er ist ein Sukzessivexperiment mit Versuchsgruppe. Bei diesem Typ ist die Gefahr von störenden carry-over- und Entwicklungseffekten gegeben.

❏ **CB-EA-Typ** stellt ein Sukzessivexperiment mit mindestens zwei Gruppen dar. Die erste Messung erfolgt in der Kontrollgruppe, die zweite Messung erfolgt in der Versuchsgruppe. Hier wirken sich nur Entwicklungstendenzen störend aus (Beispiel: Tendenzfrage).

❏ **EA-CA-Typ** ist ein Simultanexperiment mit mindestens zwei Gruppen. Die C-Gruppe liefert den Bezugswert, die E-Gruppe den Endwert. Hier können nur Entwicklungseffekte auftreten, wirken sich jedoch infolge der speziellen Anordnung nicht störend aus. Da die Gleichheit von E- und C-Gruppe in der Ausgangssituation meist hergestellt werden kann, wird dieser Typ oft in der Marktforschung angewendet.

❏ **EBA-CBA-Typ** ist ein simultanes Sukzessivexperiment mit C- und E-Gruppe. Dabei können zwar carry-over- und Entwicklungseffekte auftreten, infolge der entsprechenden Anordnung machen sich carry-over-Effekte jedoch nicht störend bemerkbar. Der Entwicklungseffekt lässt sich ermitteln.

Für ein Waschmittel werden Verkaufsförderungsmaßnahmen (Verteilung von Gratisproben, Displays, Durchsagen, Preisausschreiben) in 6 SB-Warenhäusern durchgeführt und mit einer Kontrollgruppe von 6 vergleichbaren SB-Warenhäusern verglichen. Man erhält folgendes Ergebnis:

	Versuchsgruppe	Kontrollgruppe
Umsatz vor Experiment	600.000 DM	600.000 DM
Umsatz nach Experiment	900.000 DM	700.000 DM

1. Wie groß ist der Verkaufsförderungserfolg im Hinblick auf den Umsatz?
2. Wie beurteilen Sie den Umsatzerfolg, wenn der Bruttogewinn bei 10 % vom Umsatz liegt und die Verkaufsförderungsmaßnahmen insgesamt 24.000 DM kostet?
3. Um welchen Experimenttyp handelt es sich in diesem Beispiel?

Seite 151

5.4 Panelverfahren

Bei Panels handelt es sich um Datenerhebungen bei einem bestimmten, gleichbleibenden Kreis von Personen oder Unternehmen, bei denen über einen längeren Zeitraum und/oder in bestimmten zeitlichen Abständen über im Prinzip den gleichen Gegenstand Daten erhoben werden.

Man kann Panels - wie in der Abbildung dargestellt - unterteilen.

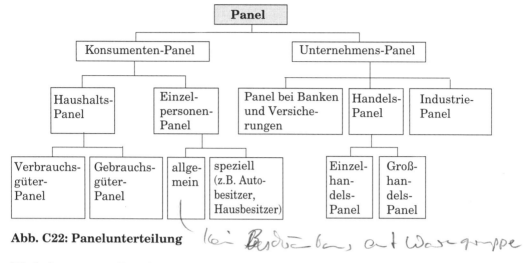

Abb. C22: Paneluterteilung *bei Beschreibung auf Warengruppe*

Die bekanntesten Panels in Deutschland sind:

- ❏ Nielsen-Einzelhandelspanel (Nielsen-GmbH, Frankfurt)
- ❏ GfK-Haushaltspanel (Gesellschaft für Konsum-, Markt- und Absatzforschung, Nürnberg)
- ❏ Elektronische Testmarktpanel Haßloch (GfK)
- ❏ Elektronische Scanner-Panels.

5.5 Prognosen

Mithilfe von Prognosen will man künftige Entwicklungen bzw. künftige Zustände ermitteln. Dabei prognostiziert man sowohl künftige Entwicklungen im Hinblick auf

- ❏ Marktentwicklung
- ❏ Marktanteilsentwicklung
- ❏ Preisentwicklung
- ❏ Umsatzentwicklung usw.

Die dabei eingesetzten Methoden können z. B. nach dem Prognosezeitraum unterschieden werden:

Prognosenzeitraum	Methoden
kurzfristig (bis zu 1 Jahr)	O Trendrechnungen O Befragungen O Exponentielle Glättung
mittelfristig (1 - 3 Jahre)	O Trendrechnungen O Regressionsrechnungen O Korrelationsrechnungen
langfristig (3 - 10 Jahre)	O Delphi Methode O Szenarien O Prognosemodelle

Abb. C23: Prognosezeitraum und Methoden

Im Hinblick auf die angewendeten Verfahren unterscheidet man in

❑ **Quantitative Verfahren**

O Trendrechnung O Regressionsrechnung	O Korrelationsrechnung

❑ **Qualitative Verfahren**

O Abnehmerbefragungen O Delphi Methode	O Szenarien

6. Methoden der Datenanalyse

Sind die Daten im Rahmen eines Marktforschungsprozesses erhoben, schließt sich die Phase der Auswertung an. Die Aufgabe der **Datenanalyse** besteht darin,

❑ Strukturen
❑ Zusammenhänge
❑ Beziehungen
❑ Abhängigkeiten

zu ermitteln bzw. festzustellen.

Dabei werden folgende Verfahren eingesetzt:

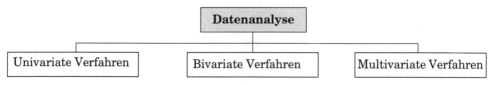

Abb. C24: Verfahren zur Datenanalyse

❑ Ziel der **univariaten Verfahren** ist es Aussagen über einzelne Variablen zu machen.

Beispiele:
- Häufigkeiten
- Mittelwerte
- Verteilungen
- Abweichungen

❑ Mit **bivariaten Verfahren** lassen sich die wechselseitigen Beziehungen zweier Variablen analysieren.

Beispiele:
- Kreuztabellierungen
- Lineare Regression
- Lineare Korrelationen

❑ Aufgabe der **multivariaten Analyseverfahren** ist es, die Abhängigkeiten mehrerer Variablen zu untersuchen.

Zu diesem Verfahren gehören:
- Multiple Regressionsverfahren
- Clusteranalyse
- Varianzanalyse
- Diskriminanzanalyse
- Faktorenanalyse
- Conjoint Measurement

Auf die hier genannten Verfahren der Datenanalyse soll jedoch in dieser Kompaktdarstellung nicht näher eingegangen werden. Tendenziell ist eine zunehmende Anwendung der multivariaten Verfahren in der Praxis festzustellen.

18 ▷ Erklären Sie, was man unter den in diesem Kapitel behandelten Begriffen versteht:

❑ Marktforschung	❑ Befragungen
❑ Marketingforschung	❑ Schriftliche Befragungen
❑ Markterkundung	❑ Telefonische Befragungen
❑ Interne Datenquellen	❑ Mündliche Befragungen
❑ Externe Datenquellen	❑ Computerintegrierte Befragungen
❑ Sekundärforschung	❑ Internetbefragung
❑ Primärforschung	❑ Befragungsablauf
❑ Erhebung	❑ Beobachtungen
❑ Vollerhebung	❑ Experiment
❑ Teilerhebung	❑ Feldexperiment
❑ Auswahlverfahren	❑ Laborexperiment
❑ Repräsentative Auswahl	❑ Panelverfahren
❑ Willkürliche Auswahl	❑ Prognosen
❑ Zufallsauswahl	❑ Prognosezeitraum
❑ Quotenauswahl	❑ Datenanalyse
❑ Klumpenauswahl	❑ Univariate Datenanalyse
❑ Flächenauswahl	❑ Multivariate Datenanalyse

Seite 151 ▷

D. Produktpolitik

Unter **Produktpolitik** versteht man alle Aktivitäten, die ein Unternehmen unternimmt um sein Leistungsangebot (Produkte und /oder Dienstleistungen) für den Markt bestmöglich zu gestalten.

Dazu gehören im Einzelnen:

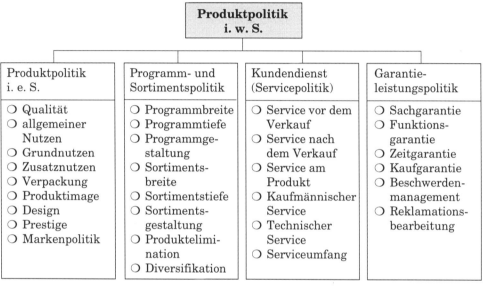

Abb. D1: Bereiche der Produktpolitik

1. Produktpolitik

Produktpolitik i. e. S. betrifft die technisch-funktionale Gestaltung des Produkts. Die Leistungen eines Produktes sind i.d.R. objektiv messbar (materiell, physisch, chemisch). Sie stellen den **Grundnutzen** eines Produktes dar. Diese Eigenschaften dienen dem Käufer seine Probleme primär zu lösen bzw. seine Bedürfnisse zu befriedigen.

Unternehmen sind stets bestrebt ihre Produktleistungen zu verbessern im Sinne einer besseren Problemlösung für den Kunden.

Beispiele: Armbanduhr und Fernsehgerät

❑ Armbanduhr mit Stunden- und Minutenangabe
❑ Armbanduhr mit Stunden-, Minuten- und Sekundenangabe
❑ Armbanduhr mit Stunden-, Minuten-, Sekundenangabe und Alarmfunktion

❑ Armbanduhr mit Stunden-, Minuten-, Sekundenangabe, Alarmfunktion und Computer

❑ Armbanduhr mit Stunden-, Minuten-, Sekundenangabe, Alarmfunktion, Computer und Rufempfang

wobei sich der Antrieb der Armbanduhr vom „Aufziehen" über Solarbetrieb, Bewegungsantrieb bis Batterieantrieb verändert hat. Als weiteres Beispiel dient das Fernsehgerät:

❑ Schwarz-Weiß Fernsehgerät (handgesteuert)
❑ Farbfernsehgerät
❑ Farbfernsehgerät mit Fernsteuerung (FS)
❑ Farbfernsehgerät mit Videotext und Fernsteuerung (FS)
❑ Farbfernsehgerät mit Videotext und Videoabspielgerät und FS
❑ Farbfernsehgerät mit Videotext und Videoabspielgerät zur Interaktion.

Neben dem Grundnutzen bieten viele Produkte ergänzend einen Zusatznutzen. Der **Zusatznutzen** zeigt sich in weiteren nutzenstiftenden Faktoren, die über den Grundnutzen hinausgehen.

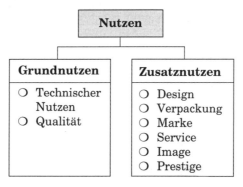

Abb. D2: Grund- und Zusatznutzen

Beispiel:

❑ Verbrauchsgüter: Kaffee (Grundnutzen) in weiterverwendbaren Behältern [Dose] (Zusatznutzen)

❑ Gebrauchsgüter: Telefon (Grundnutzen) mit Telefaxmöglichkeit (Zusatznutzen)

Bei Nutzenüberlegungen spielen auch Imagefaktoren, insbesondere bei Verbrauchs- und Gebrauchsgütern, eine wesentliche Rolle. Der Zusatznutzen ist hier ein Geltungsnutzen.

Beispiel:

❑ PKW-Nobelmarke (Ferrari, Rolls Roys)
❑ Bekleidung (LaCoste, Prada, van Laak)
❑ Markenartikel (Rolex, Cartier, Bulgari)
❑ Dienstleistungen (z.B. Hotels, Ärzte, Anwälte).

Bei den verschiedenen Produktkategorien ist das Verhältnis von Grundnutzen zu Zusatznutzen unterschiedlich. So ist bei Verbrauchs- und Gebrauchsgütern ein etwaiger Zusatznutzen größer als bei Investitionsgütern.

Produkt-kategorien	Bedeutung					Qualität	
	Zusatznutzen						
	Design	Mode	Ver-packung	Service	Image	Ökologi-sche Qualität	Marke
Verbrauchsgüter	groß	groß	sehr groß	groß	groß	groß	groß
Gebrauchsgüter	sehr groß	sehr groß	groß	groß	sehr groß	groß	sehr groß
Investitionsgüter	eher gering	durch-schnittlich	gering	sehr groß	groß	groß	durch-schnittlich

Abb. D3: Bedeutung von Zusatznutzen

Die Bedeutung des Zusatznutzens schwankt - wie man aus der Abbildung sieht - sehr stark bei den verschiedenen Gütern. So spielt z. B. die Mode bei vielen Gebrauchs-gütern eine sehr große Rolle.

Beispiele:

❑ Bekleidung
❑ Schuhe
❑ Uhren
❑ PKW
❑ CD-Player.

Bei Verbrauchsgütern ist der Einfluss der Mode geringer.

Beispiele:

❑ Kaffee
❑ Bier
❑ Waschmittel
❑ Zahnpasta.

Die **Verpackung** hat insbesondere bei Verbrauchsgütern eine bedeutende Rolle. So könnten Produkte ohne entsprechende Verpackung im Rahmen der Selbstbedie-nung überhaupt nicht verkauft werden.

Beispiele:

❏ Wein   ❏ Margarine
❏ Tee   ❏ Öl
❏ Waschmittel   ❏ Zucker
❏ Alkoholfreie Getränke   ❏ Salz.

Daneben soll die Verpackung auch für das jeweilige Produkt Präferenzen schaffen. Die **Gestaltung der Verpackung** ist so zu realisieren, dass folgende Funktionen erfüllt werden.

Schutzfunktion	Die Verpackung soll das Produkt vor Schäden bei Transport und bei der Lagerung schützen.
Verkaufsfunktion	Die Verpackung (Zigaretten, Parfüm, Zahnpasta) soll hier zum einen die Selbstverkäuflichkeit ermöglichen und zum anderen soll sie eine einzigartige Verkaufsposition schaffen (Unique Selling Proposition).
Gebrauchs-funktion	Durch eine entsprechende Gestaltung soll der Käufer zum Gebrauch motiviert werden und zugleich der Gebrauch erleichtert werden.
Ökologische Funktion	Die Verpackung muss sich an den ökologischen Forderungen wie z. B. Abfallvermeidung, Mehrfachverwendung, Recyclingfähigkeit ausrichten.
Rationalisierungs-funktion	Mit dem Wachsen des internationalen Warenaustauschs sollten Verpackungen einen möglichst kleinen Raum einnehmen und mit scannerfähigen EAN (Europäischer Artikelnummer) versehen sein.

 Zeigen Sie auf, welche Funktionen die Verpackung von Pralinen zu erfüllen hat!   Seite 151

2. Produktpolitische Entscheidungen

Die in diesem Rahmen zu fällenden Entscheidungen beziehen sich auf:

❏ **Produktinnovation**, d. h. die Aufnahme eines neuen Produkts (Produktinnovation) oder eines in vergleichbarer Weise auf dem Markt schon vorhandenen Produktes (Me-too-Produkt) in das Leistungsangebot.

❏ **Produktvariation**, d. h. auf dem Markt eingeführte Produkte werden den Bedürfnissen des Marktes (ästhetisch, funktional, technisch, usw.) angepasst, wobei die Auswahl der Produkte insgesamt unverändert bleibt.

❑ **Produktelimination** bedeutet Aufgabe nicht mehr erfolgreicher Produkte und Ausscheidung aus dem Angebot eines Unternehmens.

Vergleichen Sie Produktinnovationen und Produktimitationen! Welche Vorteile sehen Sie bei Produktimitationen?

Seite 151

2.1 Produktinnovation

Unter dem **Produktinnovationsprozess** versteht man die Suche, Auswahl, Entwicklung und Gestaltung von für ein Unternehmen neuen Produkten. Der Anstoß zur Suche nach neuen Produkten kann intern (Forschung) und/oder extern (Markt, Nachfrage) erfolgen. Quellen für neue Produkte liegen sowohl in als auch außerhalb von Unternehmen (vgl. Seite 69).

Am Anfang des Produktinnovationsprozesses steht die Suche nach Produktideen. Die einzelnen Produktideen müssen sodann in einem groben Auswahlverfahren im Hinblick auf ihre technische und unternehmensindividuellen Realisierungsmöglichkeiten überprüft werden.

Erfolgreiche Ideen müssen nunmehr einer genauen Wirtschaftlichkeitsanalyse unterzogen werden, bevor die Entwicklung eines neuen Produktes begonnen wird. Der Entwicklungsauftrag umfasst die technische Entwicklung sowie die Marketingkonzeption. Die Produktentwicklung wird sowohl intern als auch - sofern empfehlenswert - auf Testmärkten eingeführt. Die Ergebnisse dieser Tests geben den Ausschlag, ob die Markteinführung genehmigt wird oder nicht.

Soll das Produkt eingeführt werden, schließt sich die Markteinführungsphase an, in der permanent die Einführung des Produktes überwacht wird und auftretende Probleme sobald wie möglich beseitigt werden.

Die dabei einzusetzenden Methoden gibt die folgende Übersicht wieder:

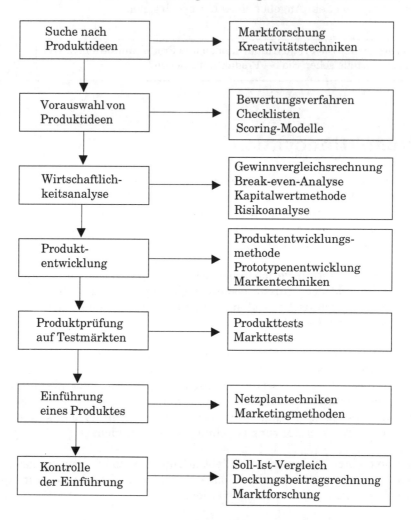

| Suche nach Produktideen | → | Marktforschung Kreativitätstechniken |

| Vorauswahl von Produktideen | → | Bewertungsverfahren Checklisten Scoring-Modelle |

| Wirtschaftlich-keitsanalyse | → | Gewinnvergleichsrechnung Break-even-Analyse Kapitalwertmethode Risikoanalyse |

| Produkt-entwicklung | → | Produktentwicklungs-methode Prototypenentwicklung Markentechniken |

| Produktprüfung auf Testmärkten | → | Produkttests Markttests |

| Einführung eines Produktes | → | Netzplantechniken Marketingmethoden |

| Kontrolle der Einführung | → | Soll-Ist-Vergleich Deckungsbeitragsrechnung Marktforschung |

Abb. D4: Produktinnovationsprozess und eingesetzte Methoden

Im Einzelnen sind im Rahmen des Produktinnovationsprozesses folgende Aufgaben durchzuführen:

❑ **Produktideen**:
Etwaige Produktideen lassen sich mit Hilfe interner und externer Ideenfindung gewinnen.

Produktideen	
Intern	**Extern**
○ Forschung	○ Kunden
○ Entwicklung	○ Lieferanten
○ Vorschlagswesen	○ Messen
○ Kreativitätstechniken	○ Konkurrenten
○ Qualitätszirkel	○ Fachzeitschriften
○ Wertanalyse	○ Reklamationen
○ Kostenanalyse	○ Forschungsinstitute
	○ Lizenzerwerb

Tabelle D1: Quellen für neue Produkte

❑ **Vorauswahl**:

Eine Vorauswahl der Ideen kann anhand folgender Kriterien erfolgen:

○ Anforderungen an Produktideen	○ Beziehung zum bisherigen Produkt-Mix
○ Kapital zur Realisierung	○ Know-how für die Umsetzung

Diese Vorauswahl kann mithilfe sogenannter Bewertungs- bzw. Scoringmodelle erfolgen.

 Wie gehen Sie bei der Vorauswahl von Produktideen vor? Welche Kriterien ziehen Sie zur Bewertung einer neuen Zahnpasta heran? Seite 152

❑ **Wirtschaftlichkeitsanalyse**:

Die Untersuchung der Wirtschaftlichkeit erfolgt mithilfe von:

○ Bewertungsmodellen	○ Wirtschaftlichkeitsanalysen
○ Break-Even-Analysen	

 Ermitteln Sie den Break-even-Point für folgende Situation:

Für die Neueinführung eines Produktes werden im 1. Jahr 10.000 Stück als Absatz erwartet. Die Kosten für die Produktentwicklung und Einführung betragen 120.000 DM. Der Marktpreis soll 50,- DM und die variablen Kosten 25,- DM pro Stück betragen. Wird im ersten Jahr der Break-even-Point erreicht? Seite 152

❑ **Produktentwicklung**:

Im Bereich Produktentwicklung geht es um

○ Produktgestaltung	○ Produktname
○ Qualitätsanforderungen	○ Gebrauchsnutzen
○ Produkteigenschaften	○ Zusatznutzen

❑ **Produktprüfung**:

Hier wird die Marktfähigkeit des Produktes getestet durch

○ Studioprodukttests	○ Markttests
○ Minimarkttests	

❑ **Produkteinführung**:

Einer erfolgreichen Produktprüfung schließt sich dann die Produkteinführung an. Dabei geht es um die sachliche und zeitliche Produktplatzierung im Markt sowie die entsprechenden sonstigen marketingpolitischen Maßnahmen.

 2 3 ⟩ Zeigen Sie auf, in welcher Reihenfolge welche marketingpolitischen Instrumente für die Neueinführung eines Konsumartikels eingesetzt werden müssen.

Beginnen Sie mit der Marktforschung.   ⟩ Seite 152 ⟩

❑ **Produkteinführungskontrolle**:

Der Produkteinführung muss sich eine Kontrolle des Erfolgs oder Mißerfolgs anschließen (Hit oder Flop). Dies geschieht durch

○ Marktforschung (Produktimage, Käufer, usw.)	○ Kosten- und Ergebnisrechnung (Deckungsbeitrag, Erfolg)
○ Soll-Ist-Vergleich (Umsatz)	

2 4 ⟩ Mithilfe welcher Methoden und Kennzahlen überprüfen Sie den Erfolg einer Produkteinführung?   ⟩ Seite 153 ⟩

2.2 Produktdifferenzierung

Produktdifferenzierung bedeutet die „Ausweitung" eines Produktes in mehreren Produktvarianten und führt zu einem Wachsen der Angebotstiefe. Dadurch, dass mehrere Varianten eines „Basisproduktes" angeboten werden, lassen sich unterschiedliche Kundenwünsche befriedigen und insgesamt eine Umsatzsteigerung erzielen, bei jedoch auch steigenden Produkt- und sonstigen Kosten.

Beispiele:
❏ Unterschiedliche Verpackungsgrößen (125g, 250g, 500g, 1000g)
❏ Unterschiedliche produktbegleitende Serviceleistungen (Abholprodukte, Lieferung)
❏ Unterschiedliche Produkteigenschaften (fest, flüssig)
❏ Unterschiedliche Farben (weiß, schwarz, rot, blau).

2.3 Produktvariation

Unter **Produktvariation** versteht man mehrheitlich die wesentlichen Veränderungen eines Produktes im Zeitablauf. Im Einzelnen kann es sich dabei um Veränderungen

❏ in der Qualität (im Sinne einer Verbesserung bzw. Minderung),
❏ in der technischen Funktionalität (neue Technik ersetzt alte Technik),
❏ um Änderung des Designs (modernes Lifting),
❏ um Änderung der Verpackung (Größe, Form, Farbe) und
❏ um Änderung der Marke handeln.

Stets wird das bisherige Produkt vom Markt genommen um durch ein neues ersetzt zu werden.

Anlass für eine Produktvariation kann sein:

❏ die technische Weiterentwicklung (Neuentwicklung)
❏ gesetzliche Änderungen (Umweltschutzgesetze)
❏ ökologische Gesichtspunkte (Umweltaspekte)
❏ Verlängerung des Produktlebenszyklus (Persil)
❏ Erhaltung des gewonnenen Marktanteils
❏ neue Kundenwünsche (Wertewandel).

2.4 Produktdiversifikation

Produktdiversifikation bedeutet neue Produkte für einen neuen, bisher noch nicht bearbeiteten Markt in das Produktangebot aufzunehmen.

Man unterscheidet drei Formen von Diversifikationen:

❏ Die **horizontale Diversifikation**. Dabei erweitert man das Produktangebot durch verwandte Produkte, die über die bestehenden Absatzwege an die gleichen Abnehmer verkauft werden.

Beispiele: Brauereien → Mineralwasser, Fruchtsäfte
Zigarettenhersteller → Schokolade, Nahrungsmittel
Versandhandel → Reisen, Versicherungen, Kredite

❑ Die **vertikale Diversifikation** liegt vor, wenn ein Unternehmen vor- oder nachgelagerte Produkte in das Programm mit aufnimmt.
Je nachdem spricht man von Vor- oder Nachstufendiversifikation.

Beispiele: (*Vorstufendiversifikation*)

- chemische Industrie hat eigene Bergwerke zur Rohstoffgewinnung
- Brauerei betreibt eigene Mälzereien
- Fleischwarenfabrik betreibt eigene Schweinezucht

Beispiele: (*Nachstufendiversifikation*)

- Aluminiumhersteller stellt auch Verpackungsmaterial her
- Kunststoffhersteller produziert Videokassetten
- Nahrungsmittelkonzern betreibt Restaurants

❑ Eine **laterale Diversifikation** liegt dann vor, wenn zwischen den bisherigen Produkten und den neuen Produkten kein sachlicher Zusammenhang besteht.

Beispiele:

- Oetker-Gruppe Bielefeld: Nahrungsmittel, Brauereien, Banken, Sektkellerei
- Mannesmann-Gruppe: Maschinenbau, Automobilzulieferer, Telekommunikation (D2/Arcor)
- Veba-Konzern: Strom, Chemie, Öl, Handel, Telekommunikation

Durch Diversifikation können Unternehmen folgende Ziele anstreben:

❑ Wachstum erzielen
❑ Marktanteile vergrößern
❑ Absatz sichern
❑ Risiko streuen
❑ Wertschöpfung steigern
❑ Synergieeffekte erzielen
❑ Kapazitäten auslasten.

2.5 Produktelimination

Unter **Produktelimination** versteht man die Entfernung eines Produktes aus dem Angebot eines Unternehmens.

Gründe hierfür können sein:

❑ Nichterfolgreiche Neueinführung (Flop)
❑ zu geringer Gewinnbeitrag eines Produktes
❑ Verlustbringende Produkte
❑ Veraltete Produkte
❑ Produkte, die den gesetzlichen Vorschriften nicht mehr entsprechen.

Bei der Produktelimination sind die damit verbundenen Auswirkungen auf den Markt, die anderen Produkte, das Image sowie die Kompetenz des Unternehmens zu berücksichtigen.

Die HC-Weis AG hat drei Produkte im Angebot, die im abgelaufenen Jahr folgende Daten ausweisen:

Produkt	Absatzmenge	Preis/Stück	Stückkosten
A	1.000.000	10,-	10,-
B	800.000	20,-	18,-
C	600.000	16,-	12,-

Die Fixkosten belaufen sich für die Periode auf 7,2 Mio. DM. Sie wurden auf die abgesetzten Produkte wie folgt verteilt:
    Produkt A: 3,0 Mio. DM
    Produkt B: 2,4 Mio. DM
    Produkt C: 1,8 Mio. DM

1. Ermitteln Sie den Deckungsbeitrag (DB), den Gewinnbeitrag G und den Erfolg für das Unternehmen.

2. Ist es für das Unternehmen empfehlenswert bei Produkt A den Preis auf 12,- DM zu erhöhen, wenn dann ein Umsatzrückgang von 20 % zu verzeichnen ist?

Seite 153

3. Produktlebenszyklus

Produkte betrachtet man für produktpolitische Entscheidungen gerne am **Modell des Produktlebenszyklus**. Das Konzept des Produktlebenszyklus unterstellt, dass - ähnlich wie bei allen Lebewesen - Produkte bestimmte Gesetzmäßigkeiten von der Markteinführung bis zum Ausscheiden aus dem Markt durchlaufen.

Je nach der Phase, in der sich ein Produkt befindet, sind unterschiedliche Marketingaktivitäten in Angriff zu nehmen und verschiedenartige Maßnahmen der Konkurrenten zu erwarten.

Überwiegend werden dabei fünf **Phasen** unterschieden:

❑ Einführungsphase
❑ Wachstumsphase
❑ Reifephase
❑ Sättigungsphase
❑ Rückgangsphase.

Für die einzelnen Phasen wird der Umsatz, die Umsatzveränderung und der Gewinn (Deckungsbeitrag) betrachtet.

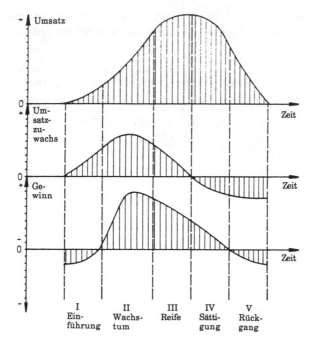

Abb. D5: Produktlebenszyklus

Jede Phase ist durch bestimmte Merkmale gekennzeichnet:

❏ **Einführungsphase**

○ Produkt noch unbekannt	○ hohe Kosten
○ geringe Umsätze	○ geringe Distribution
○ keine Gewinne	○ hohe Werbekosten (Einführungswerbung)

❏ **Wachstumsphase**

○ steigender Umsatz	○ weiter hohe Werbekosten (Bekannt-
○ zunehmende Gewinne	heitsgrad)
	○ zunehmende Konkurrenz (Imitationen)

❏ **Reifephase**

○ noch steigender Umsatz (absolut)	○ Erhaltungswerbung
○ Preisorientierung an Wettbewerbern	

❏ **Sättigungsphase**

○ stagnierender bzw. rückläufiger Umsatz	○ Steigerung der Verbrauchshäufigkeit
○ Suche nach neuen Märkten	○ eventuell Relaunch (veränderter Neustart)

❑ Rückgangsphase

○ weiterer Umsatzrückgang	○ weniger Anbieter auf dem Markt
○ sinkender Gewinn	○ Zahl der Nachfrager sinkt
○ Verlust	○ Produktelimination

Das Problem, das sich bei der Beschäftigung mit dem Produktlebenszyklus ergibt, liegt unter anderem darin:

❑ Es ist nicht bekannt wie lange der Produktlebenszyklus für ein Produkt dauert
❑ Es ist im Voraus nicht bekannt wie der Produktlebenszyklus aussieht (flach, steil, lang, kurz)
❑ Es ist nicht bekannt wie lang die verschiedenen Phasen dauern werden.

Wichtig ist z. B. für die Produktentwicklung eine Analyse des Modells des Produktlebenszyklus zusammen mit dem Diffusionsmodell von Rogers. Danach kann idealtypisch von dem folgenden Diffusionsablauf ausgegangen werden.

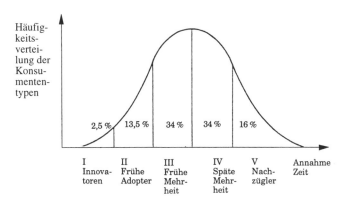

Abb. D6: Diffusionsprozess

	1990	1991	1992	1993	1994	1995	1996
Umsatz (Mio. DM)	10	20	31	45	40	36	29
Umsatzveränderung (Mio. DM)	–	+ 10	+ 11	+ 14	– 5	– 4	– 7

Erstellen Sie die Produktlebenszykluskurve für das Produkt X!

Geben Sie in etwa die einzelnen Phasen an!

Seite 153

Zeigen Sie, welchen marketingpolitischen Instrumenten in den einzelnen Phasen des Produktlebenszyklus für Konsumgüter eine besondere Bedeutung zukommt!

Seite 154

4. Markenpolitik

Die **Markenpolitik** (die Praxis spricht auch von Markenführung) wird zu einem immer bedeutsameren Instrument der Produktpolitik.

Gründe hierfür sind:

❑ Schaffung einer USP (Unique Selling Proposition)
❑ Identifizierung des Käufers mit der Marke
❑ Erzielung eines relativ hohen Preises
❑ Kundenbindung
❑ Imagevorteile
❑ Aufbau von Markentreue
❑ Bildung von Präferenzen.

Ausgehend vom **Markenartikel** haben sich verschiedene Möglichkeiten der Markenaktivitäten entwickelt. Heute lassen sich Marken nach verschiedenen Kriterien unterteilen.

❑ **Anbieter**:
   - Herstellermarken (Coca Cola, Malboro, HB, West)
   - Handelsmarken (Elite, Universum)
   - Dienstleistungsmarken (Mister Minit, LTU, Condor)

❑ **Reichweite**:
   - Regionale Marken (Kölsch, BW-Bank)
   - Nationale Marken (ADAC, Duden)
   - Internationale Marken (UPS, VISA)

❑ **Einzelmarkenstrategie**:
   - Ein einzelnes Produkt eines Anbieters wird als Marke auf dem Markt präsentiert.
   Beispiel: Aspirin, Dash, Meister Propper, Odol, Persil

❑ **Markenfamilienstrategie**:
   - Ein Produktname eines Anbieters wird als Markenfamilie auf dem Markt präsentiert.
   Beispiel: Nivea, Tesa, Audi (A4, A6, A8)

❑ **Dachmarkenstrategie**:
   - Alle Produkte sind mit dem Firmennamen verbunden.
   Beispiele: Daimler-Benz (C, E, G, ML, S, SL, SLK, CLK)
   Camel (Normal, Filter)
   Milka (Lila Pause, Milka Tender, Milka Fresh, Praline Nuss)

❑ **Mehrmarkenfamilien**:
Man versucht mit unterschiedlichen Marken, die sich auf verschiedene Markt-
segmente richten insbesondere auf gesättigten Märkten erfolgreich zu sein.
Beispiele:
- Zigaretten (Marlboro, Merit, Benson & Hedges von Philip Morris)
- Margarine (Becel, Rama, Sanella, Bonella, Lätta, Du Darfst, Flora Soft von
  Unilever)
- Weinbrand (Chantre, Mariacron, Attaché von Eckes)

Bei dieser Strategie ist insbesondere auf den sog. **„Kannibalisierungseffekt"**
zu achten. Damit ist gemeint, dass man immer berücksichtigen muss, inwieweit
der bisherige Umsatz des „alten" Produktes durch das neue Produkt verringert
werden kann.

5. Programm- und Sortimentspolitik

Unter **Programm- und Sortimentspolitik** versteht man alle Entscheidungen, die
mit dem Aufbau, der Struktur und Änderung des Leistungsangebots (Produkte und
Dienstleistungen) zusammenhängen.

Programmpolitik bezeichnet die Programmentscheidungen eines Herstellers. Beim
Handel spricht man von Sortimentspolitik.

Allgemein unterscheidet man ein Sortiment nach:

❑ **Sortimentsbreite**, d. h. der Anzahl der angebotenen Produktlinien bzw. Waren-
gruppen.
❑ **Sortimentstiefe**, d. h. der Anzahl der Produkte innerhalb einer Produktlinie
bzw. Warengruppe.

Das folgende Beispiel zur Struktur des Produkt-Mix zeigt die Anzahl der Produktlinien, die einzelnen Produkte sowie Breite und Tiefe.

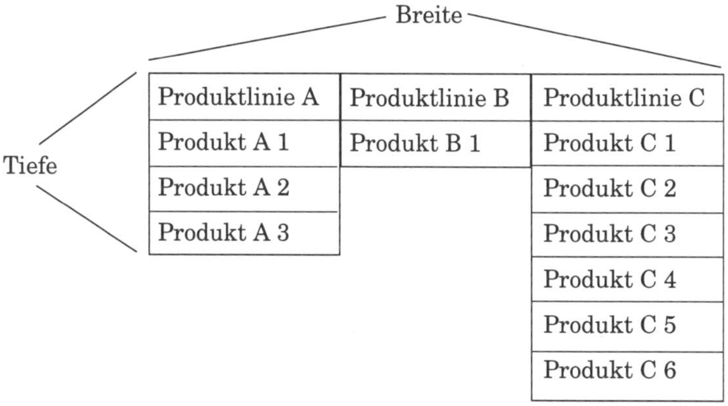

Abb. D7: **Struktur des Produkt-Mix**
      Beispiel eines Produkt-Mix: Zahl der Produktlinien = 3; Zahl der Produkte = 10;
      Durchschnittliche Tiefe = 3,3

Die Gestaltung des gesamten Programms bzw. Sortiments kann nach verschiedenen Kriterien erfolgen, z. B.:

❑ **Nachfrageorientiert**:

Dadurch gelangt man zu Problemlösungen für den Kunden.

Beispiele:
- Alles für das Kind
- Sportgeschäfte
- Einrichtungshäuser

❑ **Materialorientiert**:

Hier steht das angebotene Material bzw. der Rohstoff im Vordergrund.

Beispiele:
- Lederwarengeschäft   - Uhrenfachgeschäft
- Eissalon   - Juwelier
- Fleischwarenfachgeschäft   - Schuhgeschäft

❑ **Wissensorientiert**:

Das Know-how des Anbieters bestimmt das Angebot.

Beispiele:
- Versicherungen   - Unternehmensberatungen
- Softwarehersteller   - Marktforschungsinstitute
- Rechtsschutzversicherung   - Werbeagenturen
- Flugzeughersteller

Je nach den im Vordergrund stehenden Kriterien gelangt man zu unterschiedlichen Angebotsstrukturen. Im Hinblick auf die Veränderung der Qualität des Angebots spricht man von:

❑ **„Trading up"**, wenn ein Unternehmen versucht Produkte eines höheren Qualitäts- und Preisniveaus anzubieten.
❑ **„Trading down"**, wenn Qualität und Preis des Angebots gesenkt werden.

28 Im Einzelhandel werden die Sortimente oft entweder

❑ materialorientiert
❑ bedarfsorientiert (nachfrageorientiert)
❑ preisorientiert oder
❑ bedienungsorientiert

zusammengestellt. Geben Sie dafür Beispiele!   Seite 154

29 Zeigen Sie am Beispiel Daimler-Benz auf, welche Produktpolitik dieses Unternehmen auf dem Pkw-Sektor verfolgt.   Seite 154

6. Kundendienstpolitik

Aufgabe des **Kundendienstes (Service)** ist den Konsumenten bzw. Käufer vor und nach dem Kauf in die Lage zu versetzen, dass er optimal die angebotenen Leistungen in Anspruch nehmen kann.

Ziele des Kundendienstes sind:

❑ Kundenzufriedenheit
❑ Kundenbindung
❑ Präferenzbildung beim Kunden
❑ Imagebildung
❑ Profilierung.

Beim Kundendienst wird oft in technischen und kaufmännischen Kundendienst unterschieden.

❑ **Technische Kundendienstleistungen**:

○ Technische Beratung	○ Wartung
○ Abbau alter Anlagen	○ Reparaturdienst
○ Installation	○ Entsorgung (Recycling)
○ Technische Einweisung	

❑ **Kaufmännische Kundendienstleistungen**:

○ Kaufberatung	○ schriftlicher Bestelldienst
○ Telefonischer Bestelldienst	○ Bestellung über Internet
○ Probekauf (zur Ansicht)	○ Praktische Nutzungseinweisung

Kundendienstleistungen gewinnen heute zunehmend an Bedeutung, da die Produkte und Leistungen immer geringere Unterschiede aufweisen und durch den unterschiedlichen Service erst die Unterschiede erkennbar werden.

7. Garantieleistungspolitik

Um für das eigentliche Angebot Vorteile auf dem Markt erzielen zu können, geben Unternehmen Garantiezusagen an potentielle Käufer im Hinblick auf die angebotenen Leistungen.

Beispiele:
- Funktionsgarantie (3-Jahre Garantie, 100.000 km Laufleistung)
- Preisgarantie (günstigster Preis am Markt, Festpreis)
- Umtauschgarantie (kostenloser Umtausch)
- Finanzierungsgarantie
- Liefergarantie (Sofortlieferung)

Alle derartigen Maßnahmen sind darauf ausgerichtet Präferenzen vor, bei und nach dem Kauf bei den Käufern zu schaffen. Die Garantieleistungspolitik wird zunehmend in allen Bereichen angewendet.

Beispielhaft dafür sind auch Qualitätszertifikate wie z.B. die ISO-9000-Reihe des DIN (Deutsches Institut für Normung), die in die europäischen Normen EN 29000 ff. umgesetzt werden.

30

Erklären Sie, was man unter den in diesem Kapitel behandelten Begriffen versteht:

- ❏ Produktpolitik (im weiteren Sinne)
- ❏ Produktpolitik (im engeren Sinne)
- ❏ Programmpolitik
- ❏ Sortimentspolitik
- ❏ Kundendienstpolitik
- ❏ Garantieleistungspolitik
- ❏ Nutzen
- ❏ Grundnutzen
- ❏ Zusatznutzen
- ❏ Verpackung
- ❏ Verpackungsfunktion
- ❏ Produktinnovation
- ❏ Produktdifferenzierung
- ❏ Produktvariation
- ❏ Produktelimination
- ❏ Produktinnovationsprozess
- ❏ Produktdiversifikation
- ❏ Produktlebenszyklus
- ❏ Phasen Produktlebenszyklus
- ❏ Diffusionsprozess
- ❏ Markenpolitik
- ❏ Herstellermarken
- ❏ Handelsmarken
- ❏ Einzelmarke
- ❏ Markenfamilie
- ❏ Dachmarken
- ❏ Kannibalisierungseffekt
- ❏ Sortimentspolitik
- ❏ Sortimentsbreite
- ❏ Sortimentstiefe
- ❏ Trading up
- ❏ Trading down
- ❏ Kundendienst
- ❏ Technischer Kundendienst
- ❏ Kaufmännischer Kundendienst
- ❏ Garantieleistungspolitik

Seite 154

E. Kontrahierungspolitik

1. Begriff

Da heute die einmal festgelegte Preishöhe nicht mehr der entscheidende preisliche Faktor im Rahmen der Entscheidung für einen Kauf ist, fasst man alle das monetäre Entgelt für einen Kauf bestimmenden Instrumente unter dem Oberbegriff **Kontrahierungspolitik** zusammen.

Im Einzelnen gehören dazu

❑ Preispolitik
❑ Rabattpolitik
❑ Liefer- und Zahlungsbedingungen
❑ Absatzfinanzierungspolitik.

Kontrahierungs- politik			
Preispolitik	**Rabattpolitik**	**Liefer- und Zahlungsbedingungen**	**Absatzfinanzierungspolitik**
○ Preisbildung ○ Preishöhe ○ Preisdifferenzierung ○ Preisveränderung ○ Preismodelle	○ Funktionsrabatte ○ Zeitrabatte ○ Mengenrabatte ○ Personalrabatte ○ Treuerabatte ○ Kundenrabatte	○ Lieferbedingungen ○ Zahlungsbedingungen ○ Allgemeine Geschäftsbedingungen ○ Vertragsbedingungen	○ A-Geschäft ○ B-Geschäft ○ Leasing ○ Factoring ○ Forfaitierung

Abb. E1: Kontrahierungspolitik

2. Preispolitik

Im Rahmen der Preispolitik sind folgende Entscheidungen zu treffen:

❑ **Preisbildung**, d. h. wie soll der Preis für das jeweilige Produkt ermittelt werden?

❑ **Preispositionierung**, d. h. in welcher Preislage soll das Produkt angeboten werden?

❑ **Preisdifferenzierung**, d. h. welche verschiedenen Preise sollen für bestimmte Konstellationen (Zeit, Person, Stellung im Distributionsprozess) verlangt werden?

❑ **Preisstrategie**, d. h. nach welcher Strategie soll ein Unternehmen auf dem Markt preislich vorgehen?

2.1 Preisbildung

Bei der Bildung des Preises für ein Angebot spielen vor allem folgende Faktoren eine Rolle:

❑ Kosten
❑ Nachfrager
❑ Konkurrenten
❑ Wettbewerb

Die **Einflussfaktoren** auf die Preisbildung sind im Einzelnen:

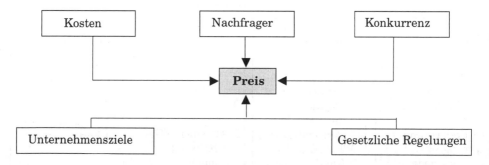

Abb. E2: Einflussfaktoren auf Preisbildung

Der jeweilige preispolitische Spielraum wird dabei insbesondere durch das sogenannte „Magische Dreieck" bestimmt.

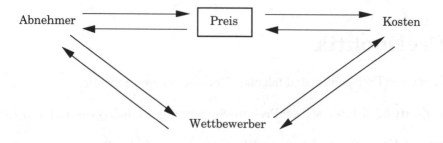

Abb. E3: "Magisches Dreieck"

Die Preisbildung nach der Kostenorientierung kann dabei erfolgen nach:

❏ **Vollkostenprinzip**
  - progressiv
  - retrograd

  oder

❏ **Teilkostenprinzip**
  - progressiv
  - retrograd.

Die Preisbildung im Hinblick auf die Abnehmer erfolgt nach:

❏ Preisbereitschaft der Käufer
❏ Wertesystem der Käufer
❏ Produktimage beim Käufer

Eine Wettbewerbsorientierung bei der Preisbildung zeigt sich in:

❏ Konkurrenzorientierung
❏ Target Pricing
❏ Preisanpassung
❏ Benchmarking

2.1.1 Kostenorientierte Preisbildung

Die **kostenorientierte Preisbildung** auf **Vollkostenbasis** versucht alle anfallenden Kosten auf die Produkte (Kostenträger) zu verteilen. Dies kann durch **progressive** oder **retrograde Kalkulation** erfolgen.

Beispiel für progressive Kalkulation
Variable Fertigungskosten + Fixe Kosten
= Herstellkosten + Verwaltungskosten (Zuschlag) + Vertriebskosten (Zuschlag)
= Selbstkosten + Gewinn
= Gesamtnettopreis + Mehrwertsteuer (16 %)
= Bruttopreis

Ein **Zahlenbeispiel** veranschaulicht die Ermittlung:

Variable Fertigungsstückkosten	=	5,00 DM
Fixkosten der Fertigung	=	50.000 DM
Zuschlag für Verwaltungskosten	=	5 %
Zuschlag für Vertriebskosten	=	15 %
Prognostizierter Absatz	=	100.000 Stück
Variable Fertigungskosten	=	500.000 DM
+ Fixkosten	=	50.000 DM
= Herstellkosten	=	550.000 DM
+ Verwaltung	=	27.500 DM
+ Vertrieb	=	82.500 DM
= Selbstkosten	=	660.000 DM
+ Gewinn (15%)	=	99.000 DM
	=	759.000 DM
+ MwSt	=	12.144 DM
	=	771.144 DM

Preis pro Produkt = 7,71 DM

Bei der **retrograden** Kalkulation geht man von dem auf dem Markt durchsetzbaren Preis aus und rechnet retrograd den **Deckungsbeitrag** und dann den Gewinn aus. Dazu ist es notwendig die variablen (direkt zurechenbaren) und die fixen (die einem Produkt nicht direkt zurechenbaren) Kosten zu kennen.

Preis	=	10,00 DM /Stück
- variable Stückkosten	=	6,00 DM
= Deckungsbeitrag	=	4,00 DM
- fixe Kosten (%)	=	2,00 DM
= Gewinn	=	2,00 DM

Vergleichen Sie die kostenorientierte Preisbildung von Produzenten mit der kostenorientierten Preisbildung beim Handel!

Gehen Sie beim Handel vom Listenpreis eines Herstellers aus.

Seite 155

Produkt A verliert immer mehr Marktanteile. Die Unternehmensleitung will daher den Preis senken um wieder Marktanteile zu gewinnen. Der bisherige Preis war 10,– DM. Die Daten aus der Kostenrechnung für 1997 ergaben:

Absatzmenge	1.000.000 Stück
Fixkosten der Fertigung	2.000.000 DM
Variable Fertigungskosten	2 DM
Zuschlag für Verwaltungs- und Vertriebskosten	50 %
Gewinnzuschlag	3 %

1. Welcher kurzfristige Preis ist möglich?
2. Wo liegt langfristig die Preisuntergrenze?

Seite 155

Bei den **Teilkostenrechnungsverfahren** ermittelt man nur bis zum Deckungsbeitrag, d. h. es werden alle diejenigen Kosten berücksichtigt, die dem jeweiligen
Produkt, Produktgruppe, usw. direkt zugeordnet werden können.

Wichtig ist im Rahmen der Preisermittlung der sogenannte Break Even Point. Der
Break Even Point gibt den Absatz (Menge) an, bei dem der **Umsatz = Gesamtkosten** ist.

Rechnerisch geht man wie folgt vor:

Umsatz = Gesamtkosten
p x q = FK + q x vK

        mit: p = Preis/Stück
               q = Menge
              FK = Fixkosten
             vK = variable Kosten/Stück

Löst man die Gleichung nach q auf, erhält man:

$$q = \frac{FK}{p - vK}$$

$$q = \frac{FK}{Deckungsbeitrag/Stück}$$

Der Break Even Point gibt diejenige Menge an, die mindestens verkauft werden
muss um alle Kosten (Gesamtkosten) zu decken.

 Die Gesamtkosten für Entwicklung und Einführung eines neuen
Produktes (FK) betragen 1.000.000 DM. Der Marktpreis wird mit
40.000 DM pro Stück festgelegt. Die variablen Stückkosten betragen
18.000 DM. Wieviel Produkte müssen abgesetzt werden, damit das
Unternehmen in die Gewinnzone kommt?

Seite
155

2.1.2 Nachfrageorientierte Preisbildung

Für die **nachfrageorientierte Preisbildung** spielt die **Preisabsatzfunktion,**
die **Preisbereitschaft** der Nachfrager und die **Preiselastizität** eine große Bedeutung. Vor allem ist es für alle Anbieter wichtig zu wissen, wie ihre Preisabsatzfunktion aussieht.

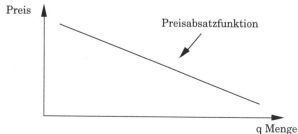

Abb. E4: Preisabsatzfunktion

In der Regel verläuft eine Preisabsatzfunktion wie dargestellt, d. h. eine Preissenkung führt zu einer Absatzsteigerung und eine Preiserhöhung zu einem Absatzrückgang.

Das Verhältnis von Mengenänderung zu Preisänderung bezeichnet man als Preiselastizität. Diese und die Preisbereitschaft sind wichtig für eine erfolgreiche nachfrageorientierte Preisbildung.

Die **Preiselastizität** errechnet sich wie folgt:

$$e = \frac{\dfrac{\text{Mengenänderung}}{\text{Ausgangsmenge}}}{\dfrac{\text{Preisänderung}}{\text{Ausgangspreis}}}$$

(Um einen positiven Wert zu erhalten, wird ein Minus vor den Bruchstrich gesetzt.)

Neben der Preiselastizität der Nachfrage ist die Kenntnis der **Kreuzpreiselastizität** für die Preisfestlegung von Bedeutung. Sie gibt an, wie sich Mengenänderungen eines Produktes aufgrund von Preisänderungen eines anderen Produktes ergeben.

$$e_{A,B} = \frac{\dfrac{\text{Mengenänderung von Produkt B}}{\text{Ausgangsmenge B}}}{\dfrac{\text{Preisänderung von Produkt A}}{\text{Ausgangspreis A}}}$$

Beispiele:
- Butter (Preissteigerung) → Magarine (Absatzsteigerung)
- Zigaretten (Preissteigerung) → Tabak (Absatzsteigerung)
- Diesel (Preissenkung) → Pkw mit Dieselmotor (Absatzsteigerung)
- Benzin (Preissteigerung) → Diesel (Absatzsteigerung)
- Benzin (Preissenkung) → Pkw mit Dieselmotor (Absatzsteigerung)

Daneben ist die **Preisbereitschaft** der Käufer von großer Bedeutung für die Preisbildung. Sie zeigt auf, welchen Preis Nachfrager als Obergrenze akzeptieren werden. Allgemein kann man sagen, dass die Preisbereitschaft für Produkte im Prinzip wie in der Abbildung verläuft.

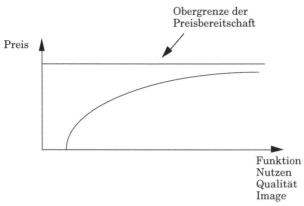

Abb. E5: Preisbereitschaft

Beispiel: Der Preis eines Produktes wird von ca. 12,-DM auf 10,-DM/Stück gesenkt. Der bisherige Absatz von 100 Stück steigt daraufhin auf 120 Stück pro Periode. Welche Preiselastizität ist gegeben?

$$e = -\frac{\frac{20}{100}}{\frac{-2}{12}} = \frac{\frac{1}{5}}{\frac{1}{6}} = 1,2$$

Im vorliegenden Beispiel ist die Preiselastizität = 1,2 d. h. der Umsatzwert steigt auf 120 %.

Man unterscheidet folgende **Situationen** der Preiselastizität:

e > 1 bedeutet elastische Nachfrage (Mengeneffekt größer als Preissenkung)

e = 1 bedeutet indifferente Nachfrage (Umsatz bleibt unverändert bei Preissenkung)

e < 1 bedeutet unelastische Nachfrage (Umsatzrückgang bei steigender Nachfragemenge)

Preiselastizität	Preiserhöhung	Preissenkung
e > 1	Umsatz sinkt	Umsatz steigt
e = 1	Umsatz unverändert	Umsatz unverändert
e < 1	Umsatz steigt	Umsatz sinkt

Welche Umsatzänderungen nehmen Sie bei folgenden Situationen an?

1. Die Post AG erhöht das Briefporto von 1,00 DM auf 1,10 DM.
2. Ein Bäcker verkauft seine Brötchen um 0,15 DM billiger.
3. Die Stadtwerke erhöhen Straßenkehrgebühren.
4. Die Weihnachtsbäume sind in diesem Jahr um 25 % im Preis höher.
5. Der Preis für Dieselkraftstoff wird um 25 % erhöht.

Seite 155

2.1.3 Marktorientierte Preisbildung

Von besonderer Bedeutung für die Preisbildung sind ferner die jeweilige

❑ **Marktform** und die
❑ **Konkurrenz**.

Bei den **Marktformen** unterscheidet man vor allem nach

❑ **Angebot** (Anzahl der Anbieter)
❑ **Nachfrage** (Anzahl der Nachfrager)
❑ **Marktsituation**.

Danach ergeben sich die folgenden Marktsituationen:

Nach-frage \ Angebot	atomistisch (viele)	oligopolistisch (wenige)	monopolistisch (einer)
atomistisch (viele)	atomistische Konkurrenz	Angebots-Oligopol	Angebots-Monopol
oligopolistisch (wenige)	Nachfrage-Oligopol	Bilaterales Oligopol	Beschränktes Angebots-Monopol
monopolistisch (einer)	Nachfrage-Monopol	Beschränktes Nachfrage-Monopol	Bilaterales Monopol

Abb. E6: Marktsituationen

Marktformen \ Marktsituationen	vollkommener Markt	unvollkommener Markt
Angebots-monopol	vollkommenes Monopol	unvollkommenes Monopol
Angebots-oligopol	homogenes Oligopol	inhomogenes Oligopol
Angebots-polypol	vollständige Konkurrenz	unvollständige Konkurrenz

Abb. E7: Marktsituationen und Marktformen

Auf vielen Märkten in Deutschland findet man das **Angebotsoligopol**.

Beispiele: - Benzin
             - Pkws
             - Reifen

Auch auf vielen regionalen bzw. lokalen Märkten findet man ebenfalls das Angebotsoligopol vor.

Beispiele: - Hotels
             - Restaurants
             - Bäcker
             - Metzger

In diesen Fällen müssen sich die Anbieter insbesondere an Angeboten der Konkurrenten orientieren, wenn sie erfolgreich sein wollen.

Von **Target Costing** spricht man, wenn man von einem gewünschten Marktpreis ausgeht, den zu realisierenden Gewinn festlegt und damit die erlaubten Kosten erhält.

Sie sind Produktmanager in einem Unternehmen und wollen ein neues Produkt Katzenfutter auf den Markt bringen. Der Konkurrenzpreis (Abgabe an den Handel) beträgt 0,99 DM. Sie überlegen, ob Sie bei Ihren Daten "Katzi" auf den Markt bringen sollen.

Absatzschätzung pro Jahr	800.000 Stück
Fixkosten der Fertigung	80.000 DM
Variable Fertigungskosten	0,40 DM
Zuschlag für Verwaltungs- und Vertriebskosten	100 %
Gewinnzuschlag	10 %

Seite 156

3. Preisstrategien

Um im Preiswettbewerb bestehen zu können, muss man sich für eine bestimmte allgemeine Vorgehensweise im Hinblick auf den Preis - eine **Preisstrategie** - entscheiden.

Dabei bieten sich folgende Möglichkeiten an:

❑ **Skimmingstrategie**:

Hier geht das Unternehmen mit einem vergleichsweise hohen Preis in den Markt und senkt kontinuierlich den Preis im Zeitablauf.

Beispiele: - Computer
              - Fernsehgeräte
              - Mikrowellenherde

❑ **Penetrationsstrategie**:

Dies bedeutet, dass ein Unternehmen mit einem relativ niedrigen Preis für ein neues Produkt in den Markt geht. Hat sich das Produkt auf dem Markt behauptet, versucht man den Preis auf den „Marktpreis" anzuheben.

Beispiele: - Neue Brotsorte
                   - Neue Zeitschrift
                   - Anzeigenpreise einer neuen Zeitschrift
                   - Neues Getränk
                   - Subskriptionspreise für Bücher

Soll der Preis im Zeitablauf möglichst unverändert bleiben, bieten sich die folgenden Strategien an:

❑ **Premiumstrategie**:

Hier werden Preise verlangt, die über den Preisen der meisten Wettbewerber liegen. Voraussetzung dafür sind ein entsprechendes Image-, Kompetenz- und Marketingkonzept.

Beispiele: - Cartier
                   - Gucci
                   - Rolls Royce
                   - Prada

❑ **Promotionstrategie**:

Dabei versucht man mit dem festgelegten Preis den Wettbewerber zu unterbieten. Voraussetzung sind: hohe Preiselastizität, große Zielgruppe und große Kapazitäten.

Beispiele: - Pepsi-Cola (bis 1991)
                   - Jet-Tankstellen
                   - Drogeriemarkt (droma)

4. Preisdifferenzierung

Bei der **Preisdifferenzierung** verlangt der Anbieter unterschiedliche Preise für die gleiche Leistung in unterschiedlichen Marktsituationen.

Beispiele: - Benzin
                   - Theaterkarten
                   - Flüge
                   - Bahnfahrten

Ziel einer Preisdifferenzierung ist, das vorhandene Marktpotential optimal auszuschöpfen um den Unternehmensgewinn zu steigern.

Im Einzelnen lassen sich folgende Formen der Preisdifferenzierung unterscheiden:

❑ **Regionale Preisdifferenzierung**

liegt vor, wenn Leistungen an geographisch unterschiedlichen Orten (Teilmärkten) zu unterschiedlichen Preisen angeboten werden.

Beispiele: - Benzin an unterschiedlichen Standorten
  - Hotelpreise (Dorint-Hotels, Queens-Hotel)
  - Pkw (in verschiedenen Ländern der EU)
  - Arzneimittel in verschiedenen Ländern

❑ **Persönliche Preisdifferenzierung**

bedeutet, dass für unterschiedliche Bevölkerungsgruppen unterschiedliche Preise verlangt werden.

Beispiele: - Schülerpreise
  - Studentenpreise
  - Seniorentarife
  - Rentnerpreise
  - Privatpatienten

❑ **Zeitliche Preisdifferenzierung**

bedeutet, dass für die gleiche Leistung zu verschiedenen Zeiten unterschiedliche Preise verlangt werden.

Beispiele: - Telefontarife
  - Stromtarife
  - Hotelpreise
  - Reisepreise

❑ **Mengenbezogene Preisdifferenzierung**

Entsprechend der Abnahmemenge sind die Preise pro Einzelprodukt/Leistung unterschiedlich.

Beispiele: - Abonnentenpreise
  - Großpackungen
  - Viel-Fliegerprogramme
  - Großabnehmer

❑ **Verwendungsbezogene Preisdifferenzierung**

Je nach Verwendungszweck werden unterschiedliche Preise verlangt.

Beispiele: - Haushaltsstrom   - Industriestrom
  - Speisesalz   - Streusalz
  - Getränke   - Medizin (Alkohol)

5. Rabattpolitik

Unter **Rabattpolitik** versteht man die Gewährung von Nachlässen auf bekannt gemachte Preise (sog. Listenpreise). Sie dient der Feinsteuerung preispolitischer Maßnahmen, ohne dass der sogenannte „Listenpreis" verändert werden muss. Mit der Gewährung von Rabatten werden bestimmte „Leistungen des Käufers" vergütet.

Rabatte können als **Naturalrabatt** (Warenrabatt) oder **Geldrabatt** gewährt werden. Sie können als absoluter Betrag oder prozentualer Abschlag (beim Geldrabatt) berechnet werden.

In der Praxis werden unterschiedliche Formen von Rabatten eingesetzt:

❑ **Funktionsrabatte**

sind Rabatte, die für die Übernahme bestimmter Funktionen beim Absatz an Handel und Konsumenten gewährt werden.

Beispiele: - Großhandelsrabatt
                  - Einzelhandelsrabatt
                  - Barzahlungsrabatt (Skonto)
                  - Abholrabatt

❑ **Mengenrabatte**

werden gewährt um die Käufer zu bewegen pro Kauf bzw. pro Periode größere Mengen eines Produktes zu kaufen.

Beispiele: - Rabatte für Stückzahlen (100, 1000, 5000 Stück)
                  - Jahresboni (Rückvergütung für Jahresumsatz)
                  - Sammelauftrag

Mengenrabatte können als Barrabatte oder Naturalrabatte gewährt werden.

❑ **Zeitrabatte**

Sie werden in unterschiedlichen Formen eingesetzt.

Formen	Ziel/Aufgabe
Einführungsrabatt	Der Handel hat bei der Einführung neuer Produkte zusätzliche Aufgaben zu erfüllen, die vergütet werden sollen.
Aktionsrabatt	Um den Absatz von Produkten in einem bestimmten Zeitraum zu steigern.
Saisonrabatt	Zu bestimmten Zeiten (Vor- und Nachsaison) wird ein Rabatt gewährt um den Umsatz nicht zu stark zu reduzieren.
Frühbezugsrabatt	Um die Auslastung der Kapazitäten zu gewährleisten und Hinweise auf das künftige Umsatzvolumen zu gewinnen.

❑ **Treuerabatte**

Sie dienen dazu eine längerfristige Geschäftsbeziehung aufrecht zu erhalten.

6. Liefer- und Zahlungsbedingungen

Liefer- und Zahlungsbedingungen sind i.d.R. Bestandteile des Kaufvertrages. Sie regeln Zeit und Ort des Eigentums- und Gefahrenübergangs und die Zahlungsbedingungen.

Im Rahmen der **Lieferbedingungen** sind geregelt:

❑ Lieferart (Lkw, Bahn, Flugzeug, Schiff, usw.)
❑ Lieferzeit (Ort und Zeit der Lieferung)
❑ Evt. Konventionalstrafen
❑ Mindestmengen und Mindermengenzuschläge
❑ Berechnung der Transportkosten
❑ Umtausch- und Rückgaberecht.

Im internationalen Handel gelten normierte Lieferbedingungen, die sog. **Incoterms** (International Commercial Terms).

Gruppenteilung der Incoterms		Transportart
Gruppe E (Abholklausel)		
EXW	Ex works (ab Werk)	jede Transportart einschließlich multimodaler Transport (.. benannter Ort)
Gruppe F (Haupttransport wird vom Verkäufer nicht bezahlt)		
FCA	Free carrier (frei Frachtführer)	jede Transportart (.. benannter Ort)
FAS	free alongside ship (frei Längsseite Schiff)	See- und Binnenschiffstransport (.. benannter Verschiffungshafen)
FOB	free on board (frei an Bord)	See- und Binnenschiffstransport (.. benannter Verschiffungshafen)
Gruppe C (Haupttransport wird vom Verkäufer bezahlt)		
CFR	cost and freight (Kosten und Fracht)	See- und Binnenschiffstransport (.. benannter Bestimmungshafen)
CIF	cost, insurance and freight (Kosten, Versicherung, Fracht)	See- und Binnenschiffstransport (.. benannter Bestimmungshafen)
CPT	carriage paid to (frachtfrei)	jede Transportart (.. benannter Bestimmungsort)
CIP	carriage and insurance paid to (frachtfrei versichert)	jede Transportart (.. benannter Ort)
Gruppe D (Ankunftsklauseln)		
DAF	delivered at frontier (geliefert Grenze)	jede Transportart (.. benannter Ort)
DES	delivered ex ship (geliefert ab Schiff)	See- und Binnenschiffstransport (.. benannter Bestimmungshafen)
DEQ	delivered ex quay (geliefert verzollt ab Kai)	See- und Binnenschiffstransport (.. benannter Bestimmungshafen)
DDU	delivered duty unpaid (geliefert unverzollt)	jede Transportart (.. benannter Ort)
DDP	delivered duty paid (geliefert verzollt)	jede Transportart (.. benannter Ort)

Abb. E8: Übersicht Incoterms

Die **Zahlungsbedingungen** regeln, auf welche Art und Weise die gekauften Waren vom Käufer bezahlt werden.

Sie enthalten:

❑ Zahlungsart und -frist (Barzahlung, Zahlungsziel, Kompensationsgeschäfte, Teilzahlung, Skonto, usw.)
❑ Zahlungsabwicklung und -sicherung.

Ein Unternehmen erhält bei Zahlung innerhalb eines Monats einen Rabatt von 3 %. Soll das Unternehmen innerhalb eines Monats zahlen oder das Zahlungsziel von 3 Monaten beanspruchen, wenn der Bankkredit 12 % p.a. beträgt?

Seite 156

7. Allgemeine Geschäftsbedingungen (AGB)

Für die Geschäfte mit privaten Käufern spielen die Allgemeinen Geschäftsbedingungen eine wesentliche Rolle, weil sie bestimmte Vorgänge beim Kauf von Produkten zwischen Verkäufer und Käufer allgemein regeln (AGB, das sogenannte „Kleingedruckte").

Das AGB-Gesetz (Gesetz zur Regelung der Allgemeinen Geschäftsbedingungen) grenzt jedoch die Gestaltungsfreiheit zum Schutze des Konsumenten ein, sodass private Käufer nicht unangemessen benachteiligt werden dürfen.

So kann der Käufer bzw. andere Institutionen nach dem AGB-Gesetz einige Forderungen bzw. Rechte geltend machen, wie z. B.

❑ Anspruch auf Nachbesserung oder Ersatz bei mangelhafter Lieferung
❑ Information seitens des Verkäufers über die AGB
❑ keine Preiserhöhung innerhalb von vier Monaten nach Vertragsabschluss
❑ Verbraucher und Verbrauchsorganisationen sowie Industrie- und Handelskammern als auch Handwerkskammern sind klageberechtigt.

8. Absatzfinanzierungspolitik

Unter **Absatzfinanzierungspolitik** versteht man alle Aktivitäten eines Anbieters um potentielle Kunden durch Kreditierung oder Vermittlung von Absatzkrediten zum Kauf von Produkten und Dienstleistungen zu bewegen.

Die Finanzierung kann grundsätzlich auf folgende Arten erfolgen.

Alleinfinanzierung	Die Finanzierung erfolgt aus Mitteln des Anbieters.
	O A-Geschäft - Anschreibekredit - Buchkredit - Kreditkarte O B-Geschäft - Anzahlung - Ratenzahlung O C-Geschäft - Wechselfinanzierung
Refinanzierung	Die Finanzierung erfolgt durch die Sicherung des Kredits durch Personen oder Sachen. O Persönliche Sicherheit - Bürgschaft O Dingliche Sicherheit - Sicherungsübereignung - Forderungsabtretung O Eigentumsvorbehalt
Drittfinanzierung	O **Leasing** Hierbei erwirbt der "Käufer" nicht das Eigentum am Produkt, sondern nur das Nutzungsrecht für einen bestimmten Zeitraum. Dafür zahlt er sog. Leasing-Raten. In der Praxis gibt es zahlreiche Varianten des Leasing. O **Factoring** Ein Factor kauft die Forderungen eines Unternehmens und bevorschusst die Forderungen, sodass dem Unternehmen sofort liquide Mittel zur Verfügung stehen und übernimmt oft weitere damit verbundene Verwaltungsaufgaben. O **Forfaitierung** ist ein Exportfinanzierungsinstrument, das der Finanzierung von Exporten dient, die wegen des größeren Risikos durch Wechsel, Aval oder Bankbürgschaft abgesichert sind.

Abb. E9: Formen der Absatzfinanzierungspolitik

Alle Maßnahmen dienen dazu, eine Transaktion zwischen Verkäufer und Käufer überhaupt zu ermöglichen.

In zahlreichen Fällen findet auch der wertmäßige Ausgleich durch Tausch- und / oder Gegengeschäfte statt (Kompensationsgeschäfte, Bartering).

3 7 Erklären Sie, was man unter den in diesem Kapitel behandelten
Begriffen versteht:

- ❏ Kontrahierungspolitik
- ❏ Preispolitik
- ❏ Preisbildung
- ❏ Preispositionierung
- ❏ Faktoren der Preisbildung
- ❏ "Magisches Dreieck"
- ❏ Kostenorientierte Preisbildung
- ❏ Deckungsbeitrag
- ❏ Break-Even-Point
- ❏ Nachfrageorientierte Preisbildung
- ❏ Preisbereitschaft
- ❏ Preiselastizität
- ❏ Kreuzpreiselastizität
- ❏ Marktorientierte Preisbildung
- ❏ Marktformen
- ❏ Marktsituationen
- ❏ Preisstrategie
- ❏ Skimmingstrategie
- ❏ Penetrationsstrategie
- ❏ Premiumstrategie
- ❏ Promotionsstrategie
- ❏ Preisdifferenzierung
- ❏ Regionale Preisdifferenzierung
- ❏ Persönliche Preisdifferenzierung

- ❏ Zeitliche Preisdifferenzierung
- ❏ Mengenbezogene Preis-
  differenzierung
- ❏ Rabattpolitik
- ❏ Funktionsrabatte
- ❏ Mengenrabatte
- ❏ Zeitrabatte
- ❏ Treuerabatte
- ❏ Lieferbedingungen
- ❏ Zahlungsbedingungen
- ❏ Incoterms
- ❏ Allgemeine Geschäfts-
  bedingungen
- ❏ AGB-Gesetz
- ❏ Finanzierungspolitik
- ❏ A-Geschäft
- ❏ B-Geschäft
- ❏ Leasing
- ❏ Factoring
- ❏ Forfaitierung
- ❏ Refinanzierung
- ❏ Kompensationsgeschäft
- ❏ Tauschgeschäft
- ❏ Gegengeschäft

Seite
156

F. Distributionspolitik

1. Begriff

In der Distributionspolitik geht es um alle Entscheidungen, die im Zusammenhang mit dem Weg eines Produktes oder einer Leistung vom Produzenten zum Endverbraucher oder -verwender gefällt werden.

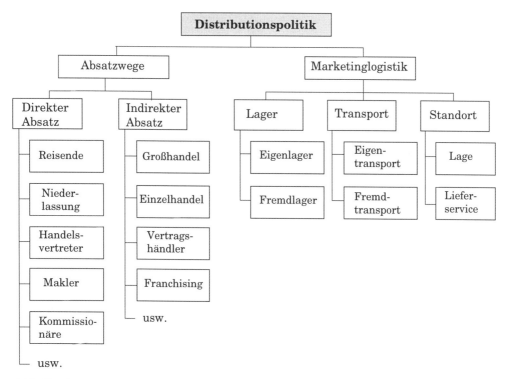

Abb. F1: Bereiche der Distributionspolitik

Die Gesamtheit der Aufgaben in der Distributionspolitik unterteilt man oft in:

❑ **Akquisitorische Distribution**
Damit bezeichnet man den Teilbereich der Distributionspolitik, der die Wahl der Absatzanbahnung, der Absatzwege, der Absatzmittler und die Bearbeitung des Marktes festlegt.

❑ **Physische Distribution**
Die physische Distribution umfasst alle Tätigkeiten, die mit dem eigentlichen Transport der Leistungen zum Nachfrager zusammenhängen.

2. Absatzwege

Bei den Entscheidungen über die Absatzwege (Vertriebswege, Absatzkanäle) geht es unter anderem zuerst darum, ob **Direktabsatz** oder **Indirekter Absatz** praktiziert werden soll. Wichtige Absatzwege zeigt die folgende Abbildung auf.

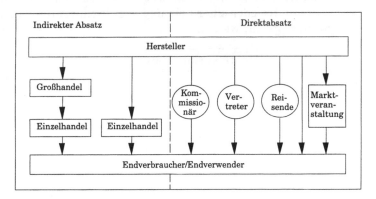

Abb. F2: System der Absatzwege

Direktabsatz bedeutet, dass die Nachfrager ohne Einschaltung des Handels ihre Leistungen vom Hersteller bekommen.

Beispiele: - Direktverkauf ab Werk
 - Automatenverkauf
 - Direktvertrieb (Vorwerk, Avon, Elektrolux)
 - Vertrieb über Reisende
 - Vertrieb über Handelsvertreter
 - Absatz über Marktveranstaltungen
 - Factory Outlet Center

Indirekter Absatz liegt vor, wenn der Produzent zuerst an andere Unternehmen verkauft, die diese Produkte dann weiterverkaufen.

Beispiele: - Großhandel
 - Einzelhandel
 - Vertragshandel
 - Franchisepartner

2.1 Direktabsatz

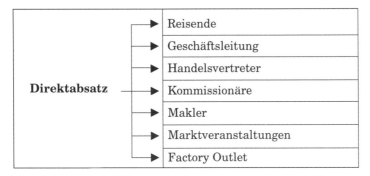

Direktabsatz kann - wie die Abbildung zeigt - auf unterschiedliche Art und Weise erfolgen wie z. B. durch die folgenden Distributionsorgane.

Distributionsorgan	Stellung	Aufgaben
Reisende (§§ 59 HGB f.)	Handlungsgehilfe, Angestellte Mitarbeiter	Suche und Beratung von potentiellen Käufern, Verkauf von Produkten
Geschäftsleitung	Unternehmensleitung	Beratung und Verkauf von Leistungen des Unternehmens
Handelsvertreter (§§ 84 - 92c HGB)	Selbstständiger Gewerbetreibender, der Geschäfte vermittelt oder abschließt	Suche, Information und zu Stande bringen von Kaufverträgen mit potentiellen Kunden
Kommissionär (§ 383 HGB)	Selbstständiger Gewerbetreibender, der in eigenem Namen für Rechnung seines Auftraggebers handelt	Sucht Käufer für die von ihm angebotenen Leistungen
Makler (§§ 93 ff. HGB)	Selbstständiger Gewerbetreibender, der sich Partner für den Vertragsabschluss selbst sucht	Sucht Vertragspartner um einen Kaufabschluss zwischen diesen zu Stande zu bringen
Marktveranstaltungen	Marktveranstaltungen sind Veranstaltungen, auf denen Anbieter ihre Produkte ausstellen und darüber informieren	Information über das Angebot, Abschluss von Kaufverträgen
Factory Outlet Center	Verkaufsstellen von Herstellern, die ihre Produkte direkt an die Endverbraucher verkaufen	Durch den Direktverkauf werden die Kosten für den Handel gespart. Auch lassen sich Auslaufmodelle, Lagerware usw. preisgünstig absetzen.

Die Vor- und Nachteile beim Direktabsatz für den Hersteller vermittelt die folgende Abbildung:

Direktabsatz	
Vorteile	Nachteile
○ Relativ hoher Produktpreis ○ Alle potentiellen Nachfrager können nach gleichem Marketingkonzept bearbeitet werden ○ Einheitliche Vorgehensweise auf dem Markt ○ Schnelle Reaktion auf dem Markt	○ Relativ hoher Vertriebsapparat ○ Höhere Vertriebskosten als bei indirektem Absatz ○ Unter Umständen große Verkaufsorganisation erforderlich ○ Bei wenigen Nachfragern, die regional weit gestreut sind, nicht realisierbar

Sie sind Hersteller folgender Produkte und müssen sich für einen Absatzweg entscheiden. Wie würden Sie sich in den folgenden Fällen entscheiden?

Hersteller	Produkt
1. Maschinenbauunternehmen	Turbinen
2. Landwirt	Obst
3. Baumaschinenunternehmen	kleine Zementmaschinen
4. Gummiwarenfabrik	Gummimatten für Pkw

Seite 156

Die für die Wirtschaft bedeutendsten Absatzorgane sind Reisende und Handelsvertreter, auf die kurz eingegangen werden soll.

Handelsvertreter treten in verschiedenen Formen auf:

❏ Einfirmenvertreter als Vermittlungsvertreter
❏ Einfirmenvertreter als Abschlussvertreter
❏ Mehrfirmenvertreter als Vermittlungsvertreter
❏ Mehrfirmenvertreter als Abschlussvertreter.

Auch **Reisende** treten in unterschiedlichen Formen auf dem Markt auf.

❏ Reisende mit Abschlussvollmacht
❏ Reisende ohne Abschlussvollmacht
❏ Reisende als Angestellte des Anbieters
❏ Reisende als betriebsfremde, gemietete Mitarbeiter.

Inwieweit Handelsvertreter und Reisende bestimmte Kriterien erfüllen, zeigt die folgende Abbildung:

Kriterium	Reisender	Einfirmenvertreter	Mehrfirmenvertreter
Vertragliche Bindung	§§ 59 ff. HGB, unselbstständig, stark weisungsgebunden	§§ 84 ff. HGB, selbstständig, grundsätzlich nicht weisungsgebunden	in der Regel wie Einfirmenvertreter
Arbeitszeit und Tätigkeit	Vorgabe durch das Unternehmen, Umsatzsoll	freie Gestaltung im Rahmen des Vertrages	in der Regel wie Einfirmenvertreter
Entgelt	Gehalt, evtl. Provision und Prämie	Provision vom erzielten Umsatz (Deckungsbeitrag)	in der Regel wie Einfirmenvertreter
Zusätzliche Kosten	Kfz-Kosten, Bürokosten, Sozialleistungen, Telefonkosten, Tagegelder, Übernachtungsgelder	evtl. aus Vertrag, z. B. garantiertes Einkommen	in der Regel keine
Kostencharakter	größtenteils fix	fast nur variabel	in der Regel variabel
Kundenbearbeitung	weitgehend nach Vorgabe durch die Verkaufsleitung	nach eigener Entscheidung in Abstimmung mit der Verkaufskonzeption des Unternehmens	wie Einfirmenvertreter, Überschneidungen können auftreten
Kontakte zu Kunden	auf der Basis des Verkaufsprogramms und persönlicher Beziehungen	auf der Basis des Verkaufsprogramms und persönlicher Beziehungen	sehr vielseitige Kontakte durch das breite Verkaufsprogramm von verschiedenen Unternehmen
Interessenlage	vertritt vorwiegend Interessen des Unternehmens	vertritt Interessen des Unternehmens und "eigene" Interessen	vertritt vorwiegend sein Interesse und das seiner Kunden
Änderung der Verkaufsbezirke	grundsätzlich leicht möglich	schwieriger, nur mit Einverständnis des Vertreters, sonst Änderungskündigung	wie Einfirmenvertreter
Berichterstattung	kann von Verkaufsleitung genau vorgeschrieben werden	muss vertraglich vereinbart werden	wie Einfirmenvertreter
Einsatzmöglichkeiten	grunsätzlich im gesamten Unternehmen	nur im Rahmen des Vertrages	Rücksichtnahme auf die anderen vertretenen Unternehmen
Arbeitskapazität	steht dem Unternehmen voll zur Verfügung	steht dem Unternehmen voll zur Verfügung	verteilt sich auf mehrere Unternehmen
Arbeitsweise	weitgehend unternehmensorientiert	unternehmens- und einkommensorientiert	vorwiegend einkommensorientiert
Verkaufstraining	integrierter Bestandteil der Aus- und Weiterbildung	entsprechend des Vertrages	schwieriger möglich, nur im Rahmen des Vertrages
Nebenfunktionen	Verkaufsförderung, Markterkundung, Kundendienst	entsprechend der vertraglichen Vereinbarungen	schwieriger möglich, nur im Rahmen des Vertrages
Kündigung	wie bei jedem Angestellten	Sonderregelung, evtl. Ausgleichsanspruch nach § 89 HGB	wie Einfirmenvertreter

Abb. F3: Kriterien für die Wahl zwischen Reisenden und Handelsvertreter

Im Außendienst von Unternehmen lassen sich angestellte Mitarbeiter und/oder Handelsvertreter einsetzen.

Beurteilen Sie am Beispiel von bestimmten Kriterien, ob ein Markenartikelhersteller (Schokolade) zum Besuch des Einzelhandels Markenartikelreisende oder Handelsvertreter einsetzen soll.

1. Welche sechs Ihnen wichtig erscheinenden Kriterien berücksichtigen Sie bei Ihrer Entscheidung?
2. Wer ist kostengünstiger, wenn ein jährlicher Umsatz von 800.000 DM erzielt wird und der Reisende ein Gehalt von 4.500 DM pro Monat erhalten soll während der Handelsvertreter 5 % vom Umsatz als Vergütung erhält?
3. Trifft diese Entscheidung auch noch zu, wenn das Umsatzvolumen auf 1.200.000 DM gestiegen ist?

Seite 156

Direktabsatz ist vorherrschend in folgenden Branchen bzw. Teilbereichen der Wirtschaft:

☐ **Investitionsgüterbereich** (Kraftwerke, Anlagen, Maschinen)
☐ **Dienstleistungsbereich** (Friseure, Anwälte, Marktforschungsinstitute, Unternehmensberatungen)
☐ **Verbrauchsgüterbereich** (Avon, Eismann, Bofrost)
☐ **Gebrauchsgüterbereich** (Vorwerk, Tupperware, Elektrolux, „Kaffeefahrten").

Im Übrigen herrscht im Konsumgüterbereich überwiegend der **indirekte Absatz** vor.

2.2 Indirekter Absatz

Im Rahmen des **indirekten Absatzes** spielt der Handel die größte Rolle. Die Aufgaben, die unterschiedliche Betriebsformen des Handels wahrnehmen, variieren sehr stark.

Allgemein nimmt der **Handel** folgende Funktionen mehr oder weniger ausgeprägt wahr.

☐ **Überbrückungsfunktion**

○ Raumüberbrückung (Transport)	○ Preisfunktion
○ Zeitüberbrückung (Lagerung)	○ Kreditfunktion
○ Vordisposition	

☐ **Warenfunktion**

○ Quantitätsfunktion	○ Sortimentsfunktion
○ Qualitätsfunktion	

❏ **Maklerfunktion**

○ Marketingfunktion   ○ Ausgleichsfunktion ○ Beratungsfunktion

2.3 Handelsformen

Der Handel tritt auf dem Markt in unterschiedlichen Betriebsformen auf.

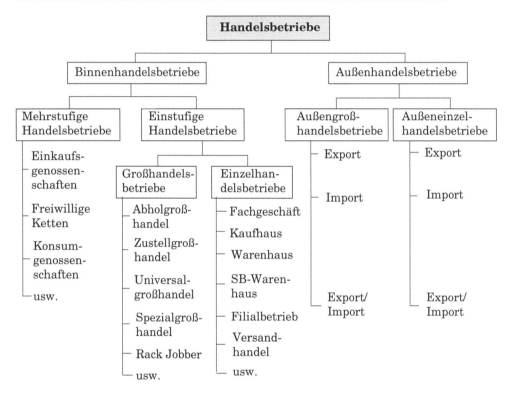

Abb. F4: Handelsbetriebsformen

Einige Handelsbetriebsformen werden im Folgenden kurz beschrieben.

Handelsbetriebsformen	Charakteristiken
Großhandels-unternehmen	Handelsunternehmen, die Waren von Produzenten kaufen und ohne wesentliche Be- und Verarbeitung an Einzelhändler, Weiterverarbeiter und sonstige Großabnehmer weiterverkaufen.
Fachgeschäfte	Einzelhandelsunternehmer, die Waren mit dem Sortiment einer bestimmten Branche (z. B. Lederwaren, Uhren, Sportartikel) meist mit Bedienung anbieten.
Spezialgeschäfte	Diese Geschäfte haben ein schmales und tiefes Sortiment mit i. d. R. Fremdbedienung (z. B. Strumpfgeschäft, Käsegeschäft).
Warenhäuser	Kennzeichnend ist ein breites und tiefes Sortiment (z. B. Karstadt, Kaufhof).
SB-Warenhäuser	Sie sind Großbetriebsformen des Einzelhandels, meist verkehrsgünstig am Stadtrand gelegen mit weitgehend Selbstbedienung (z. B. Real, Allkauf, Plaza).
Fachmärkte	Es handelt sich um auf bestimmte Warengruppen spezialisierte Einzelhandelsbetriebe mit einem relativ tiefen Sortiment und günstigen Preisen. Selbst- und Fremdbedienung (z. B. Obi, Praktiker, Hornbach).

3. Distributionssysteme

Je nachdem welche und wie viele Distributionspartner ein Unternehmen auswählt, kennzeichnen das Distributionssystem:

Distributionssystem	Kennzeichen
Universalvertrieb	Es werden so viel wie möglich Distributionspartner eingeschaltet. Ziel: Überallerhältlichkeit (Ubiquität).
Selektivvertrieb	Es werden nur Distributionspartner ausgewählt, die festgelegte Kriterien erfüllen. Ziel: Produkte müssen zum Distributionspartner passen.
Exklusivvertrieb	Es werden nur qualitativ sehr hochwertige Distributionspartner ausgewählt. Im Extremfall in einer Region nur ein Vertriebspartner. Ziel: Exklusives Image nur mit exklusivem Vertriebspartner realisierbar.

4. Vertragliche Vertriebssysteme

Um die Marketingkonzeption realisieren zu können, werden oft unterschiedliche Vertriebssysteme vereinbart wie z. B.:

☐ **Vertriebsbindungssysteme** binden Hersteller und Absatzmittler in vielfältigen Formen. Derartige Systeme können räumlicher, personeller und zeitlicher Art sein. Ziel dieser, wie aller vertraglicher Vertriebssysteme ist, dass der Hersteller auch nach Einschaltung eines Händlers nach Möglichkeit seine Marketingkonzeption in der Art und Weise realisieren kann, wie er das wünscht.

☐ **Alleinvertriebssysteme** bieten dem Hersteller z. B. den Vorteil, dass er sich seine Händler aussuchen kann und dass diese bestimmte Verpflichtungen dem Hersteller gegenüber eingehen müssen (bestimmte Voraussetzungen schaffen). Dafür können diese Händler dann „Gebietsschutz" und andere Leistungen erhalten.

Beispiele: - Kosmetik-Depots
 - Zeitschriften, Zeitungen
 - PC-Händler

☐ **Vertragshändlersysteme** sind über einen längeren Zeitraum Formen des Alleinvertriebs. Der Vertragshändler ist dabei verpflichtet die Waren nur vom Hersteller zu kaufen und auch ein Lager sowie Reparaturdienst, wenn erforderlich, einzurichten.

Für diese Bindung erhält der Händler neben den Vorteilen des Marketings des Herstellers noch sonstige Vergünstigungen (z. B. Kredite, Betriebswirtschaftliche Unterstützung, Werbekostenzuschüsse, Schulung der Mitarbeiter, usw.). Rechtlich führt der Vertragshändler Kauf und Verkauf im eigenen Namen und auf eigene Rechnung durch.

Beispiele: - Pkw-Händler
 - Gaststätten
 - Brauerei-Verlag

☐ **Franchisesysteme** gehen über die bisherigen Vertriebsbindungssysteme hinaus, weil der Händler eine Bindung über das gesamte Marketingkonzept des Franchise-Gebers eingeht. Gegen Entgelt räumt der Franchise-Geber das Recht ein, bestimmte Produkte und Dienstleistungen unter dem Namen, Warenzeichen, sonstiger Rechte sowie des technischen und betriebswirtschaftlichen Wissens des Franchise-Gebers auf dem Markt anzubieten.

Der Franchise-Nehmer hat im Rahmen des Vertrags weitgehend Selbstständigkeit. Er ist für Erfolg oder Misserfolg seines Handelns voll verantwortlich. Der Franchise-Geber haftet nicht für die Schulden des Franchise-Nehmers.

Das Franchisesystem bietet für Franchise-Geber und Franchise-Nehmer Vor- und Nachteile.

Franchise-Nehmer	
Vorteile	Nachteile
○ Erhält ein geschlossenes Marketing-konzept ○ Möglichkeit zur Selbstständigkeit ○ Finanzierungshilfe ○ Beratung durch Franchise-Geber ○ Benötigt kein eigenes Know-how ○ günstige Bezugsmöglichkeiten ○ Entgelt oft umsatzabhängig ○ Imagevorteil	○ Franchise-Nehmer trägt das Geschäfts-risiko ○ Verliert weitgehend Freiheit der Pro-gramm- und Sortimentsgestaltung ○ Kann sich nicht allein an Veränderun-gen anpassen ○ Muss Standard des Franchise-Gebers realisieren

5. Marketinglogistik

Marketinglogistik ist heute ein wichtiges Instrument im Marketing geworden um Kundenzufriedenheit zu erzielen und um Wettbewerbsvorteile gegenüber Konkurrenten zu erreichen.

Im Kern geht es darum, dem Käufer eines Produktes möglichst schnell den Besitz und die Nutzungsmöglichkeiten eines Produktes zu verschaffen. Das heißt möglichst kurze Lieferzeit, Lieferzuverlässigkeit und Lieferbereitschaft. Dies verursacht Kosten, die durch die erzielten Erlöse gedeckt werden müssen.

Im Einzelnen geht es um folgende Entscheidungen:

❑ **Lagerhaltung**

○ Anzahl der Lager ○ Eigenlager ○ Fremdlager	○ Lagergröße ○ Lagerstandort

Bei den Entscheidungen zur Lagerhaltung geht es um die Frage, ob die Nachfrager zentral oder dezentral beliefert werden sollen, nach der Lagergröße, dem Lagerort und der Frage nach Eigen- oder Fremdlager. Bei der Entscheidung dieser Fragen spielen:

- Art, Umfang, Häufigkeit der Nachfrage
- angestrebter Lieferservice
- Kosten der Lagerung und des Transports
- Marktgegebenheiten

eine wesentliche Rolle.

Hinweise auf die Kostensituation vermittelt die folgende Abbildung.

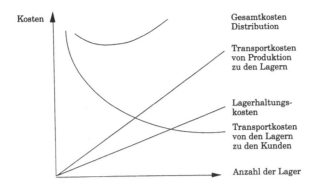

❑ **Transport**

○ Anzahl der Auslieferungsstandorte	○ Fremdtransport
○ Transportmittel	○ Auslieferungszeit
○ Eigentransport	

Bei der Entscheidung über den Transport sind neben Kostenaspekten (Fixe Kosten - Variable Kosten), werbliche Möglichkeiten (Verkehrsmittelwerbung), eventuell Entsorgung und die Kundenbeziehungen (Lieferkontakt, Lieferservice, Kundendienst) von Bedeutung.

❑ **Auftragsabwicklung**

○ Auftragserfassung	○ Mindermengenzuschlag
○ Auftragsdurchführung	○ Packungsgestaltung

 Erklären Sie, was man unter den in diesem Kapitel behandelten Begriffen versteht:

❑ Distributionspolitik	❑ Großhandelsunternehmen
❑ Akquisitorische Distribution	❑ Einzelhandelsunternehmen
❑ Physische Distribution	❑ Fachgeschäft
❑ Absatzwege	❑ Spezialgeschäft
❑ Direktabsatz	❑ Warenhaus
❑ Indirekter Absatz	❑ SB-Warenhaus
❑ Reisender	❑ Fachmarkt
❑ Handelsvertreter	❑ Versandhandelsunternehmen
❑ Makler	❑ Distributionssystem
❑ Marktveranstaltung	❑ Universalvertrieb
❑ Factory Outlet	❑ Selektivvertrieb
❑ Einfirmenvertreter	❑ Exclusivvertrieb
❑ Mehrfirmenvertreter	❑ Vertriebssysteme
❑ Handelsfunktion	❑ Marketinglogistik
❑ Handelsbetriebsformen	❑ Entscheidungen der
❑ Franchising	Marketinglogistik

Seite 157

G. Kommunikationspolitik

1. Begriff

Unter **Kommunikationspolitik** versteht man alle kommunikationspolitischen Instrumente, die Informationen über ein Unternehmen und/oder dessen Angebot auf dem Markt anbieten um das Kaufverhalten der Zielpersonen positiv zu beeinflussen. Je nachdem, welche Kommunikationsziele erreicht werden sollen, setzt man unterschiedliche Kommunikationsinstrumente und -formen ein.

Im Einzelnen unterscheidet man folgende Kommunikationsinstrumente, die oft auch in klassische und moderne Instrumente eingeteilt werden.

Kommunikationsinstrumente	
Klassische Instrumente	**Moderne Instrumente**
○ Werbung ○ Verkaufsförderung ○ Persönlicher Verkauf ○ Public Relations (Öffentlichkeits- arbeit)	○ Direktwerbung ○ Sponsoring ○ Product Placement ○ Internetwerbung

Mit jedem einzelnen Kommunikationsinstrument lassen sich jeweils ganz spezifische Kommunikationsziele erreichen.

2. Werbung

2.1 Begriff

Werbung ist eine unpersönliche Form der Kommunikation, durch die Personen absichtlich und zwangsfrei durch den Einsatz von Werbemittel im Sinne des werbenden Unternehmens beeinflusst werden sollen. Sie ist heute das bedeutendste Kommunikationsinstrument. Insbesondere im Konsumgüterbereich hat sie herausragende Bedeutung.

2.2 Formen

Werbung kann in der Praxis in unterschiedlichen Formen auftreten.

Werbeform	Kurzbeschreibung
Alleinwerbung	Hier wirbt ein einzelner Werbungtreibender mit oder ohne Namensnennung.
Gemeinschafts-werbung	Liegt dann vor, wenn zwei oder mehrere Werbungtreibende sich zu einer gemeinsamen Werbeaktion zusammenschließen, ohne Nennung der Firmennamen.
Sammelwerbung	Zusammenschluss zu gemeinsamer Werbung mit Nennung der Firmennamen.
Verbundwerbung	Zusammenschluss zu gemeinsamer Werbung von verschiedenen, meist komplementären Anbietern.
Produktwerbung	Objekt der Werbung ist ein oder mehrere Produkte.
Unternehmens-werbung	Objekt der Werbung ist das Unternehmen.
Unterschwellige und überschwellige Werbung	Unterschwellige Werbung liegt dann vor, wenn die Werbezeit so kurz ist, dass das Werbesubjekt die Werbung nicht bewusst wahrnehmen kann.
Schleichwerbung	Schleichwerbung liegt dann vor, wenn Leistungen eines Unternehmens in Programme und Beiträge integriert werden um dafür zu werben.

Neben diesen Werbeformen wird noch unterschieden nach:

❑ **Werbungtreibenden** in

○ Herstellerwerbung	○ Handelswerbung

❑ **Werbeobjekten** in

○ Konsumgüterwerbung ○ Dienstleistungswerbung	○ Investitionsgüterwerbung

❑ **Werbemitteln** in

○ Anzeigenwerbung ○ Spotwerbung	○ Außenwerbung

Im Rahmen der Werbung verwendet man folgende Begriffe.

Begriff	Beschreibung
Werbeobjekt	Produkt oder Dienstleistung für die geworben werden soll. **Beispiele**: - Konsumgut - Investitionsgut - Dienstleistung
Werbesubjekt	Zielpersonen, Zielgruppe oder Unternehmen, die durch die Werbung erreicht werden soll. **Beispiele**: - Frauen - Raucher - Tennisspieler
Werbungtreibender	Personen oder Unternehmen, in dessen Auftrag die Werbung durchgeführt wird. **Beispiele**: - Handelsunternehmen - Investitionsgüterunternehmen - Dienstleistungsunternehmen
Werbebotschaft	Informationen, die den Werbesubjekten vermittelt werden sollen (Wort, Bild, Ton).
Werbemittel	Gestaltende (Objektivierte) Form der Werbebotschaft. **Beispiele**: - Anzeige - TV-Spot - Hörfunkspot
Werbeträger	Medium oder Werbeträger, der das Werbemittel an die Werbesubjekte heranträgt. **Beispiele**: - Zeitungen - Fernsehsender - Publikumszeitschriften

Bevor mit der Planung der Werbeaktivitäten begonnen werden kann, muss das werbungtreibende Unternehmen folgende Entscheidungen treffen:

○ Wofür soll geworben werden (Produkt, Unternehmen)?
○ Welche Ziele sollen erreicht werden?
○ Wie groß darf das Werbebudget (Werbeetat) sein?
○ Wann soll geworben werden?

Sind diese Entscheidungen allgemein getroffen, soll ein **Briefing** erstellt werden, in dem diese Informationen und ergänzende Informationen festgelegt werden, die dann i. d. R. einer **Werbeagentur** mit dem Auftrag der Planung und Durchführung des Werbeprojekts übergeben werden.

Unter **Briefing** versteht man die schriftlich festgelegte Werbezielsetzung eines Unternehmens für eine Werbeagentur. Es bildet die Grundlage für die Entwicklung des Werbekonzepts.

Damit die Werbeagentur erfolgreich sein kann, ist es erforderlich, dass ein Briefing folgende Daten enthält:

O Relevanter Markt	O Käuferverhalten
O Marketingstrategie	O Werbezielsetzung
O Produkte und Konkurrenzprodukte	O Werbebudget
O Bisherige Werbemaßnahmen	O Werbezeiten

Werbeagenturen sind Dienstleistungsunternehmen, die Werbekonzeptionen entwickeln, Werbeaktionen planen und durchführen. In Deutschland gibt es ca. 3000 Werbeagenturen von unterschiedlicher Größe und unterschiedlichem Leistungsspektrum.

Man unterscheidet entsprechend dem Aufgabenbereich in

O Full-Service-Agenturen	O Media-Agenturen
O Kreativ-Agenturen	O Spezial-Agenturen

Die HCW-AG will die Werbeaktivitäten für die Einführung der Zahnpasta "Kindol" festlegen. Kindol ist eine Zahnpasta speziell für Kinder bis zu 10 Jahren.

1. Was ist das Werbeziel in der Einführungsphase?
2. Wer sind die Werbesubjekte?
3. Welche Werbemittel schlagen Sie vor?
4. Welche Werbeträger empfehlen Sie?
5. Halten Sie als Einführungszeitpunkt Ende Juli bis Anfang August für geeignet?

Seite 157

Sie haben die Aufgabe für folgende Produkte geeignete Werbeträger auszuwählen.

a) Damenoberbekleidung   e) Jeans für Mädchen
b) Herrenparfüm (exklusiv)   f) Wintergärten
c) Sportwagen (Porsche)   g) PC
d) Fachbuch Wirtschaft

In einer Vorauswahl wurden schon verschiedene Zeitungen und Zeitschriften ausgewählt, nur sind diese vermischt worden. Im Einzelnen waren es: Frankfurter Allgemeine Zeitung, Bravo-Girl, Computer-Bild, PC-Welt, Amica, Das Haus, Bauen & Wohnen, Playboy, Men´s Health, Mädchen, Wirtschaftswoche, Spiegel, PC-Praxis und Petra.

Ordnen Sie zwei bis drei Werbeträger einzelnen Produkten zu!

Seite 157

2.3 Prozess der Werbeplanung

Der Prozess der Werbeplanung und -kontrolle kann allgemein wie folgt - graphisch - dargestellt werden.

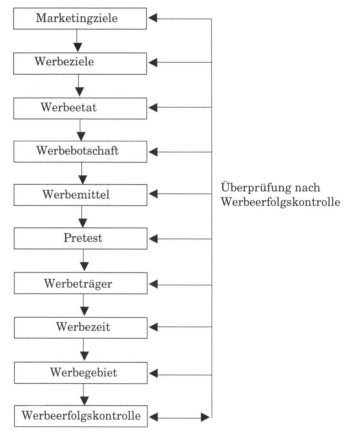

Abb. G1: Prozess der Werbeplanung und -kontrolle (vereinfacht)

Im Folgenden soll zu den einzelnen Phasen des Werbeplanungsprozesses näher Stellung genommen werden:

❏ **Marketingziele**

	Bereich	Inhalt
Marketingziele	Umsatz	○ Mengenmäßiger Absatz ○ Wertmäßiger Absatz
	Marktanteil	○ Steigern ○ Halten ○ Senken
	Marktposition	○ Imagestellung erreichen ○ Marktführer werden ○ Corporate Identity schaffen

❑ **Werbeziele**

	Bereich	Inhalt
Werbeziele	Unternehmen	○ Bekanntmachen ○ Informieren ○ Imagepositionierung schaffen
	Produkte/ Dienstleistungen	○ Bekanntmachen ○ Informieren ○ Imagepositionierung verkaufen

❑ **Werbeetat (Werbebudget)**

Werbeetatermittlung	Vorgehen
Ausgabenorientierte Methode	Bei der Festlegung des Werbeetats sind die vorhandenen finanziellen Mittel ausschlaggebend.
Prozent von ... Methode	Der Werbeetat wird in Prozentanteilen des vergangenen, des künftigen oder eines arithmetischen Durchschnitts der Umsätze festgelegt.
Konkurrenzorientierte Methode	Die Festlegung des Werbeetats orientiert sich an den Gepflogenheiten der Konkurrenz.
Ziel- und Aufgaben Methode	Die Höhe des Werbeetats wird nach den angestrebten Werbezielen festgelegt.

❑ **Werbebotschaft**

Die Werbebotschaft soll bei den Zielpersonen die angestrebte Zielsetzung erfüllen. Es stellt sich hier die Frage, wie die Botschaft im Hinblick auf die **inhaltliche Aussage** und deren **Umsetzung** in Bilder, Worte und Töne gestaltet wird.

Als **Gestaltungsinstrumente** bieten sich je nach Werbemittel an:

○ geschriebene Worte	○ Farbe
○ Bilder	○ Aktionen
○ Töne	○ Tonality
○ Musik	

Stets sollten die **Gestaltungselemente** so eingesetzt werden, dass die Empfänger

○ einen Nutzen (Consumer Benefit) erkennen,
○ eine Begründung (Reason why) dafür erhalten und
○ die Botschaft in der entsprechenden Atmosphäre (Tonality) empfangen können.

❏ **Werbemittel und Werbeträger**

Da die Entscheidung zwischen Werbemittel und Werbeträger i. d. R. gemeinsam zu fällen ist, werden beide hier zusammen behandelt.

Ein **Werbemittel** ist die mit optischen und/oder akustischen Mitteln gestaltete Werbebotschaft, die über einen **Werbeträger** zu den Werbesubjekten transportiert wird.

Werbemittel und Werbeträgerkombinationen	
Werbeträger	**Werbemittel**
Zeitungen	○ Anzeigen ○ Beilagen ○ Prospekte
Fernsehsender	○ TV-Spots ○ Programmsponsoring ○ Fernsehkanäle (HOT, QVC)
Publikumszeitschriften	○ Anzeigen ○ Beihefter ○ Produktproben
Fachzeitschriften	○ Anzeigen ○ Beihefter ○ CD-ROM´s

Die bedeutendsten Werbeträger in Deutschland 1997 sind:

(Anteile im Werbegeschäft in Prozent)	
Tageszeitungen	28
Fernsehen	19
Werbung per Post	15
Publikumszeitschriften	9
Anzeigenblätter	8
Adressbücher	6
Fachzeitschriften	6
Hörfunk	3
Außenwerbung	3
Wochen-/Sonntagszeitungen	1
Zeitungsimplements	1
Filmtheater	1
Quelle: Zentralverband der deutschen Werbewirtschaft	

Immer mehr Unternehmen betreiben heute schon Werbung im Internet. **Internetwerbung** hat zwar die größten Steigerungsraten aller Werbeträger im Jahre 1997, doch bleibt der Werbeumsatz mit 24 Mio. DM im Vergleich zu den anderen Werbeträgern (38,7 Mrd. DM) sehr gering. Dennoch rechnet man mit einem weiteren Wachstum und einer zunehmenden Vernetzung mit anderen Marketinginstrumenten. Am erfolgversprechendsten ist gegenwärtig die Werbung der Reisebüros, des Buchhandels, der Banken, der Computerhersteller, von Versicherungen und von Pkw-Herstellern.

Die Auswahl des idealen Werbeträgers bezeichnet man als **Mediaselektion**. Man unterscheidet hierbei zwei Arten von Entscheidungen:

❑ Die Entscheidung nach der Mediengattung bezeichnet man als **Inter-Media-selektion**. Hier geht es darum herauszufinden, welche Werbeträger für die Werbemaßnahmen als geeignet erscheinen. Kriterien für die Medienwahl sind allgemein:

○ Verfügbarkeit	○ Kosten
○ Reichweite	○ Werbebudget
○ Zielgruppe	○ Affinität

Ist die Mediengattung (Zeitung, Fernsehen, usw.) ausgewählt, stellt sich die Frage nach dem auszuwählenden Medium.

Die Entscheidung für die geeignete Medienart in einer Mediengattung bezeichnet man als **Intra-Mediaselektion**.

Die diesen Entscheidungen zu Grunde liegende Analyse bezeichnet man als **Media-Analyse**.

Die wichtigsten Auswahlkriterien bei der **Intra-Selektion** sind:

○ Verbreitungsgebiet	○ Kosten
○ Reichweite	○ Kontaktqualität
○ Zielgruppenaffinität	○ Umfeld

Die Daten für die **Mediaselektion** können aus den auf dem Markt vorhandenen Media-Analysen entnommen werden. Zu nennen sind hier:

- Media-Analyse (MA)
- Verbraucher-Analyse (VA)
- Allensbacher Werbeträger-Analyse (AWA)
- Leseranalyse Führungskräfte (LAF)

❑ **Pretest**

Bevor die Werbemittel über die Werbeträger gestreut werden, empfiehlt es sich den Werbemittelerfolg einem **Pretest** zu unterziehen. Pretests sind Tests, die vor der Schaltung der endgültigen Werbemittel durchgeführt werden um Hinweise auf den möglichen Werbeerfolg zu erhalten. Bei den hohen Kosten für Massenwerbung ist dies unbedingt empfehlenswert.

❑ **Werbezeit (Werbetiming)**

Hier geht es um die Entscheidung im Hinblick auf den richtigen zeitlichen Einsatz der Werbung. Im Einzelnen geht es um:

- den Zeitpunkt
- die Intensität
- die Dauer und
- die Häufigkeit einer Werbeaktion.

Bei der Entscheidung im Hinblick auf den Werbezeitpunkt müssen die Werbeziele, die Zielpersonen und die allgemeine Wirtschaftssituation berücksichtigt werden.

Werbetiming	
Arten	**Bedeutung**
prozyklisch	○ Werbung erfolgt im Saisonrhythmus ○ bei steigendem Umsatz mehr Werbung ○ bei sinkendem Umsatz weniger Werbung
antizyklisch	○ Werbung erfolgt gegen die Saison ○ bei steigendem Umsatz weniger Werbung ○ bei sinkendem Umsatz mehr Werbung
massiert	○ Einmal wird sehr stark geworben und dann immer weniger
verteilt	○ Werbung wird auf mehrere Zeitpunkte verteilt durchgeführt
pulsierend	○ einmal wird mehr (saisonal) einmal wird weniger (außer Saison) geworben.

Von zeitlicher Bedeutung ist bei einzelnen Werbemaßnahmen die

- Dauer oder der Umfang der Werbeaktion. Hier geht es z. B. um die Größe der Anzeige oder die Dauer des Fernsehspots sowie die
- Häufigkeit, mit der z. B. ein TV-Spot oder Hörfunk-Spot wiederholt wird (einmal, zweimal, dreimal oder mehr).

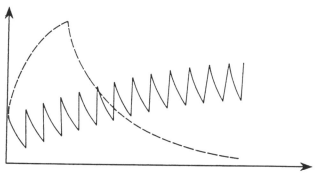

Personen, die sich an Werbung erinnern können

steile Kurve = Wirkung einer massierten Werbung
gezackte Kurve = Wirkung einer verteilten Werbung

Gleichmäßige Werbestrategie

Pro- und Antizyklische
Werbestrategie

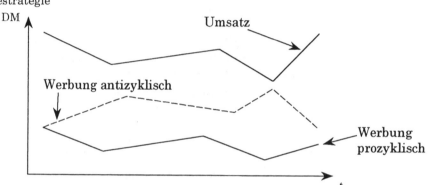

Abb. G2: Arten der Werbung

Ein Unternehmen will in Zeitschriften werben und sich entscheiden
entweder in Zeitschrift A oder Zeitschrift B zu werben. Zur Auswahl
liegen dem Werbeleiter folgende Daten vor:

Zeitschrift	Auflage verkauft	Preis für eine Anzeige	Reichweite LPN	Geschlecht männlich	Geschlecht weiblich
A	300.000	20.000 DM	1,5	60	40
B	800.000	40.000 DM	2,2	75	25

Als Entscheidungskriterien für die Wahlentscheidungen sollen dienen:

❑ Tausender Kontaktpreis (TKP)
❑ Reichweite bei Frauen

Welche Zeitschrift wählen Sie aus?

Seite
158

Sie haben die Aufgabe für folgende Produkte die Mediengattung und die Medien für neu einzuführende Produkte auszuwählen.

1) Ein Parfüm für Frauen
2) Ein Produkt für Jugendliche
3) Ein nichtverschreibungspflichtiges Medikament
4) Ein verschreibungspflichtiges Medikament

Wichtige Aufgabenkriterien sind die Reichweite und geringe Streuverluste. Welche Werbeträger schlagen Sie vor?

 Seite 158

 Ein Lebensmitteleinzelhändler überlegt, welche der folgenden Werbeträger er für die Werbung einsetzen soll.

❑ Lokaler Rundfunk
❑ Lokale Tageszeitung
❑ Postwurfsendung
❑ Direktwerbung (Direct Mailing)
❑ Fernsehen (regional)
❑ Programme des örtlichen Fußballvereins
❑ Programme des örtlichen Karnevalvereins
❑ Hauswurfsendungen

Welche zwei Werbeträger würden Sie besonders empfehlen?

 Seite 158

❑ **Werbegebiet**

Hier geht es um die Frage der regionalen Reichweite der Werbung (lokale, regionale, nationale, internationale Werbung).

❑ **Werbedurchführung**

Mit der Durchführung der Werbung wird i. d. R. eine Werbeagentur beauftragt.

Werbeagenturen werden für ihre Tätigkeiten wie folgt vergütet.

- **Vereinbartes Honorar**: Hierbei wird ein Pauschalbetrag für die von der Werbeagentur zu erbringenden Leistungen vereinbart.

- **Provisionssystem**: Werbeagenturen, die für Kunden Werbungen schalten, erhalten von den Werbemitteln (Spot, Anzeige, Plakat) eine Provision von 15 % für die Vermittlungsfähigkeit.

- **Mischsystem** aus Honorar und Provision.

❏ **Werbeerfolgskontrolle**

Die Werbeerfolgskontrolle soll feststellen, inwieweit die Werbeziele erreicht wurden.

Man unterscheidet dabei in einen kommunikativen (nichtökonomischen) und ökonomischen Werbeerfolg.

Werbeerfolg	
Kommunikativer Erfolg	**Ökonomischer Erfolg**
◯ Werbekontakt ◯ Werbeaufmerksamkeit ◯ Einstellung ◯ Kaufabsicht	◯ Werbebedingter Umsatz ◯ Werbebedingter Gewinn (Differenz zwischen dem durch Werbung erzielten Umsatz und den entstandenen Werbekosten)

Bei der Messung des kommunikativen Erfolgs wird insbesondere die

- **Wiedererkennung** mit dem **Recognition-Test** und

- **Erinnerung** mit dem **Recall-Test** festgestellt.

Recognition-Test bedeutet Messung der Wiedererkennung einer Werbemaßnahme.

Beispiel: Der Interviewer und ein Leser einer Zeitschrift gehen eine Zeitschrift durch um festzustellen:
      - wurde eine Anzeige bemerkt
      - an welche Bestandteile der Anzeige erinnert sich der Leser
      - was interessierte den Leser

Recall-Tests werden als **Unaided Recall** und als **Aided Recall** durchgeführt.

Beispiel (Nach Werbeaktion für einen Pkw-Hersteller):
Unaided Recall Frage: Welche Pkw-Hersteller sind Ihnen bekannt?
Aided Recall   Frage: Kreuzen Sie diejenigen Pkw-Hersteller an, die Ihnen bekannt sind.

Zusammenfassung der Vor- und Nachteile der Werbung:

Werbung	
Vorteile	**Nachteile**
◯ Große Zielgruppenansprache möglich ◯ Einheitliche Werbebotschaft ◯ Allgemein zugänglich (öffentlich) ◯ Rationale und emotionale Ansprache ◯ Über unterschiedliche Medien sendbar	◯ Unpersönliche Kommunikation ◯ Geringe Zielgruppengenauigkeit ◯ Hohe Streuverluste ◯ Oft schlechtes Feedback ◯ Wirkung nicht sofort feststellbar

3. Direktwerbung

Unter **Direktwerbung** versteht man die unmittelbare und individuelle Ansprache von Zielpersonen, die darauf reagieren können. Im Gegensatz zur klassischen Werbung haben die Zielpersonen die Möglichkeiten direkt zu antworten (Telefon, Fax, Brief, Internet). Im Einzelnen gehören zu der Direktwerbung alle im Direktmarketing eingesetzten Medien außer dem Direktverkauf.

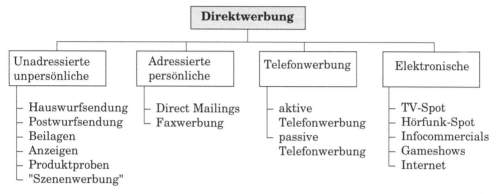

Abb. G3: Übersicht der Direktwerbemöglichkeiten

Wichtige Direktmedien sind:

❏ **Adressierte Werbesendungen**

○ Briefe mit Antwortkarte	○ Kataloge
○ Prospekte	

❏ **Unadressierte Werbesendungen**

○ Handzettel	○ Gutscheine
○ Prospekte	○ Produktproben

❏ **Aktives Telefonmarketing**

○ Kundeninformation	○ Kundengewinnung
○ Kundenaktivierung	

❏ **Passives Telefonmarketing**

○ Hotline	○ 0130 Nummern
○ Entgegennahme von Anrufen aufgrund von Anzeigen, Fernsehspots, ...	○ 0800 Nummern

Daneben werden auch Beilagen in Printmedien sowie die Außenwerbung (Plakate) als Direktwerbemedien eingesetzt.

Die Einsatzmöglichkeiten der verschiedenen Formen der Direktwerbung nehmen zu, weil

❑ ein Anbieter schnell reagieren kann
❑ die Aufmerksamkeit besser als mit klassischer Werbung erreicht werden kann
❑ direkt mit dem Kunden kommuniziert wird
❑ Informationsverluste geringer sind.

4. Verkaufsförderung

Der Begriff Verkaufsförderung wird nicht von allen Autoren in der Literatur einheitlich gesehen.

Allgemein versteht man unter **Verkaufsförderung** alle Aktionen eines Unternehmens, die kurzfristig bei nachgelagerten Vertriebsstufen (Verkauf, Handel, Verbraucher) zu einer Erreichung der Kommunikationziele beitragen sollen.

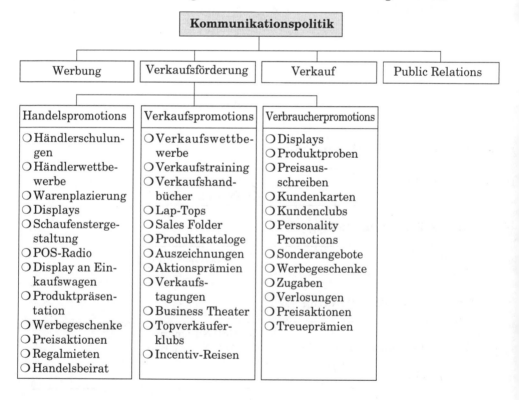

Im Einzelnen unterscheidet man in handelsgerichtete, außendienstgerichtete (verkaufsgerichtete) und verbrauchergerichtete Verkaufsförderungsmaßnahmen, die in verschiedenen Formen praktiziert werden und unterschiedliche Zielsetzungen haben.

So wirken z. B. Verbraucherpromotions kurzfristig als auch langfristig, je nachdem um welche Maßnahmen es sich handelt (Produktprobe - Kundenkarte).

Vor- und Nachteile der Verkaufsförderung sind im Folgenden gegenübergestellt.

Verkaufsförderung	
Vorteile	**Nachteile**
○ Schnelle Wirkung ○ Erfolg messbar ○ Persönlich und unpersönlich wirkend ○ Führt zu erkennbaren Umsatzsteigerungen ○ Elastisch einsetzbar	○ Oft nur kurzfristig wirksam ○ Geringe Wirkungsreichweite ○ Oft mit Preiszugeständnissen verbunden ○ Zeigt meist keine dauerhafte Kundenbindung ○ Wirkt oft nur für einzelne Produkte

5. Sponsoring

Unter Sponsoring versteht man die Förderung von Personen und/oder Organisationen durch die Bereitstellung von Geld- und Sachmitteln um damit die Kommunikationsziele besser erreichen zu können. Der Sponsor erwartet dabei stets von dem Gesponsorten eine Gegenleistung.

Heute unterscheidet man fünf Arten des Sponsorings:

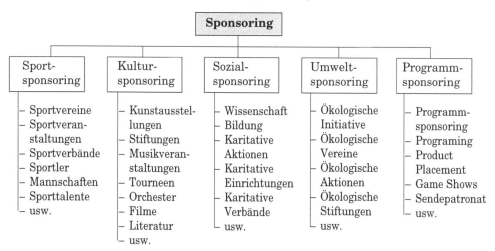

Sportsponsoring wird insbesondere für Fußball, Tennis, Motorsport, usw. betrieben. Dabei werden Sportler, Vereine, Teams vom Sponsor finanziell gefördert und als Gegenleistung tragen die Sportler auf dem Trikot den Namen und /oder fahren die Skier oder spielen mit Tennisschlägern des Sponsors usw.

Kultursponsoring liegt vor, wenn Kunstausstellungen, Konzerte, Tourneen, usw. von einem Sponsor unterstützt werden, der als Gegenleistung auf Plakaten, Programmheften, auf der Veranstaltung, usw. namentlich ausgewiesen wird.

Beim **Sozial-Sponsoring** werden Personen, Institutionen und Veranstaltungen gefördert, deren Ziel der soziale Bereich ist. Dieses Gebiet ist schon relativ weit entwickelt.

Das **Umwelt-Sponsoring** hat alle ökologischen Aspekte der Umwelt zum Ziel. Dieser Bereich wird in absehbarer Zeit zunehmen, was sich aus dem erheblich gestiegenen Umweltbewusstsein der Bürger erklärt.

Sponsoring ist eine gute Ergänzung der übrigen Kommunikationsaktivitäten. Sponsoring hat die folgenden Vor- und Nachteile.

Sponsoring	
Vorteile	**Nachteile**
○ Hohe Reichweite (Sportveranstaltungen) ○ Hohe Akzeptanz bei Zielpersonen ○ Einsetzbar bei z. B. Verbot klassischer Werbung ○ Günstiges Umfeld für Informationen ○ Kein Ausweichen (Zapping) möglich	○ Kann nur ergänzend eingesetzt werden ○ Vom Image des Gesponsorten abhängig ○ Geringe Gestaltungsmöglichkeiten im Hinblick auf Botschaft (Name) ○ Messung des Erfolgs sehr schwierig ○ Sponsor muss für Sponsoring schon zum Teil bekannt sein

Programmsponsoring ist mit Abschluss des Rundfunkstaatsvertrags von 1992 stark angestiegen, insbesondere für das Sponsoring von TV-Programmen und Product-Placement.

Product-Placement ist die gezielte Platzierung von Produkten und Dienstleistungen gegen Entgelt in Filmen, TV-Sendungen und Videoclips, ohne dass dies als Werbung erkennbar ist.

6. Public Relations

Unter Public Relations (Öffentlichkeitsarbeit) versteht man alle Maßnahmen, mit denen Unternehmen und Organisationen Vertrauen und Verständnis für ihr Unternehmen, ihre Produkte und ihr Verhalten erreichen wollen.

Sie können sich sowohl an interne Zielgruppen (Mitarbeiter, Eigentümer) als auch externe Zielgruppen (Konsumenten, Handel, Banken) richten.

Die wichtigsten Instrumente sind:

❑ Informationen für Journalisten
❑ Pressekonferenzen
❑ Public-Relations-Anzeigen
❑ Public-Relations-Veranstaltungen (wie Vortragsveranstaltungen, Tag der offenen Tür, Filmvorführungen, Jubiläumsfeiern, Ausstellungen usw.)
❑ Public-Relations-Zeitschriften (Werbezeitschriften, Kundenzeitschriften, Aktionszeitschriften usw.)
❑ Stiftungen (für Forschung, Wissenschaft, Kunst und Sport)
❑ Redaktionelle Beiträge (in Fachzeitschriften) usw.

Die Weiterentwicklung und Umsetzung des Public Relations hat ihren Niederschlag im Corporate-Identity-Konzept gefunden.

Corporate-Identity-Politik bedeutet, dass das Unternehmen ein einheitliches Erscheinungs- und Verhaltensbild nach innen und außen kommunizieren will um sich dadurch von den Konkurrenten abzuheben und eine einzigartige Verkaufsstellung (USP) zu erreichen.

Die drei Aktionsbereiche der Corporate-Identity-Politik sind (vgl. Abb.):

❑ Corporate Design
❑ Corporate Communications
❑ Corporate Behavior

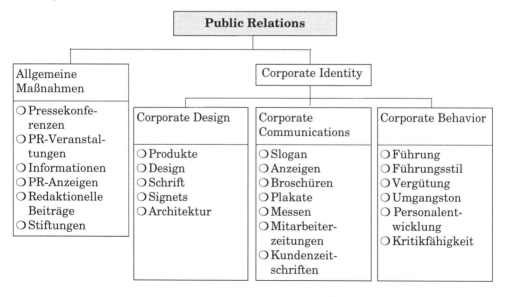

7. Persönlicher Verkauf

Im Rahmen des Verkaufs (Vertriebs) kann in drei Aufgabenbereiche unterschieden werden:

❑ **Verkaufsanbahnende Tätigkeiten** (einschließlich Verkaufsgespräche)

❑ **Verkaufsdurchführende Tätigkeiten** (z.B. Verkaufsabwicklung, Lieferung, Kundendienst usw.)

❑ **Verkaufsergänzende Tätigkeiten** (z.B. Reklamationsbearbeitung, Kundenbindung, interne Unternehmensaktivitäten usw.).

Allgemein zählt man die distributiven Verkaufsaktivitäten zur Distributionspolitik (vgl. Seite 97 f.) während alle verkaufsanbahnenden, kommunikativen Tätigkeiten zur Kommunikationspolitik gerechnet werden.

Im Rahmen des Aufgabenbereichs des Persönlichen Verkaufs fallen insbesondere die folgenden Entscheidungsaufgaben an.

Entscheidungstatbestände Verkauf	Möglichkeiten/Entscheidungen
Verkaufsorgane	○ Reisende ○ Handelsvertreter ○ Anzahl der Außendienstmitarbeiter
Verkaufsorganisation	○ Struktur ○ Stellen ○ Kriterien ○ Verkaufsprozesse
Verkaufsbezirke	○ Anzahl ○ Aufteilung ○ Bearbeitung ○ Kriterien der Bildung
Verkaufstraining	○ internes Verkaufstraining ○ externes Verkaufstraining ○ Training on the Job
Verkaufsvorbereitung	○ Allgemeine Information ○ Verkaufshandbuch ○ Sales Folder ○ Produktinformation ○ Training
Verkaufsplanung	○ Umsatz ○ Deckungsbeitrag ○ Verkaufsquoten ○ Besuchshäufigkeit ○ Besuchsberichte

Vergütung/Motivation	○ materielle Motivation
	  Fixum
	  Provision
	  Prämie
	○ immaterielle Motivation
	  VIP-Club
	  Wettbewerbe
	  Auszeichnungen
	  Führungsstil

In der Praxis gibt es unterschiedliche Bezeichnungen für die mit Verkaufsaufgaben betrauten Mitarbeiter in den Unternehmen wie z. B.

- Außendienstmitarbeiter
- Verkäufer im Außendienst
- Vertriebsbeauftragter
- Kundenbetreuer
- Verkaufsberater
- Großkundenbetreuer
- Key-Account-Manager
- Verkaufsingenieur
- usw.

- Telefonverkäufer
- Verkaufsrepräsentant
- Sales Manager
- Verkaufsleiter
- Verkaufsassistent
- Pharmaberater
- Exportleiter
- Reisender

Verkäufer lassen sich nach verschiedenen Kriterien klassifizieren, wie die folgende Übersicht zeigt.

Tätigkeit	Angestellte Mitarbeiter	Selbstständige Mitarbeiter
im Unternehmen (intern)	○ Ladenverkäufer ○ Telefonverkauf	○ Finanzberater ○ Automobilverkäufer
außerhalb des Unternehmens (extern)	○ Markenartikelreisender ○ Verkaufsingenieur	○ Einfirmenvertreter ○ Mehrfirmenvertreter

Sie sind Verkaufsleiter eines Markenartikelunternehmens geworden und hören von den 30 Außendienstmitarbeitern in den 5 Nielsen-gebieten Klagen, dass sie überlastet seien, da zu viele Besuche zu absolvieren sind. Sie beliefern sowohl den Groß- als auch den Einzelhandel, die wie in der Übersicht dargestellt, besucht werden sollen.

Handelsbetriebe	Anzahl	Zahl der Besuche p.a.
Großhandlung Klasse A	100	24
Großhandlung Klasse B	200	12
Großhandlung Klasse C	300	6
Einzelhändler Klasse A	1.000	12
Einzelhändler Klasse B	2.000	8
Einzelhändler Klasse C	3.000	6

Wie können Sie vereinfacht überprüfen, ob die Anzahl der Außendienstmitarbeiter ausreicht oder nicht? Ermitteln Sie die Anzahl der durchzuführenden Besuche und ob diese Zahl realistisch ist! Ein Verkäufer kann 8 Besuche am Tag durchführen. Die Anzahl der Besuchstage pro Jahr beträgt 200.

Seite 158

Obgleich die von den Verkäufern wahrzunehmenden Verkaufsaufgaben unterschiedlich sind, haben alle mit Verkaufsaufgaben beschäftigte Mitarbeiter mehr oder weniger folgende Aufgaben bzw. Teilaufgaben wahrzunehmen, unabhängig davon wie ihre Stellenbezeichnung lautet.

Die allgemein wahrzunehmenden Aufgaben jedes Verkäufers im Außendienst lassen sich im Überblick wie folgt darstellen.

Aufgabenbereiche	Einzelaufgaben
Informationsbeschaffung	○ Informationen über Markt ○ Informationen über Konkurrenten ○ Informationen über Kunden ○ Informationen über eigene Aktivitäten (Besuchsberichte)
Verkaufsvorbereitung	○ Auswahl potentieller Kunden ○ Informationsbeschaffung ○ Kontaktanbahnungsstrategie ○ Besuchsplanung ○ Terminvereinbarung ○ Verkaufsgesprächsvorbereitung
Verkaufsdurchführung	○ Besuchskontaktanbahnung ○ Tourenplanung ○ Gesprächseröffnung ○ Verkaufsgesprächsführung ○ Verkaufsargumentation ○ Verkaufsabschluss ○ Nachverkaufskontakte
Verkaufsabwicklung	○ Einhaltung des Vertragsabschlusses ○ Vertragsmäßige Auftragsabwicklung ○ Reklamationsbearbeitung ○ Kundenkontakte (Ansprechpartner)

Die jeweilige vom Verkäufer wahrzunehmende Verkaufsaufgabe erweist sich als unterschiedlich schwierig, je nachdem, ob Standardprodukte, stark erklärungsbedürftige Produkte, Investitionsgüter oder Dienstleistungen zu verkaufen sind.

Die Verschiedenartigkeit von Aufgabe und Anforderung an Verkäufer vermittelt der folgende Vergleich.

Verkäufer	Hauptaufgaben	Beurteilung
"Gemüseverkäufer" "Brötchenverkäufer"	Produkte dem Kunden übergeben	- mehr Verteilungs- als Verkaufsaufgabe
Ladenverkäufer (Standardprodukte)	Produkte zeigen und kurz darüber informieren	- einfache, mit geringen Kenntnissen durchzuführende Verkaufsaufgabe (z.B. Schuhverkäufer)
Ladenverkäufer (stark erklärungsbedürftige Produkte)	Käufer die Funktion, Wirkung und Nutzen des Angebots erklären	- Fachkenntnisse erforderlich und Problemlösungsmöglichkeiten kennen und kommunizieren können (z.B. Verkäufer von Fernsehgeräten)
Verkäufer von Dienstleistungen (extern)	Interessenten die Vorteile der Dienstleistungen sichtbar machen	- erfordert neben Fachkenntnissen die Dienstleistungen so darzustellen, dass sich Interessent davon das richtige Bild machen kann
Verkäufer von erklärungsbedürftigen Produkten (extern)	Neben verkäuferischen Aufgaben ist es wichtig, die funktionellen Vorteile zu erklären.	- neben Fachkenntnissen ist es wichtig, die Bedarfslage des Käufers zu erkennen
Verkäufer von Dienstleistungen (intern)	Vermittlung des Nutzens und der Vorteile der Dienstleistung	- muss neben Fachkompetenz über soziale Kompetenz verfügen

Abschließend soll die Übersicht zeigen, welche Vor- oder auch Nachteile mit dem Einsatz des Persönlichen Verkaufs verbunden sind.

Persönlicher Verkauf	
Vorteile	**Nachteile**
○ Gesprächspartner bekannt ○ Verkäufer kann sich auf Gesprächspartner einstellen ○ Informationen können situationsspezifisch übermittelt werden ○ Kommunikationswirkung kann sofort festgestellt werden	○ Relativ teuer ○ Erfolg hängt von der Qualität des Verkäufers ab ○ Eventuell unterschiedliche Verhaltensweisen der Verkäufer in der Praxis ○ Oft nicht genügend qualifizierte und motivierte Verkäufer vorhanden

8. Kommunikations-Mix

Aufgabe einer guten Kommunikationspolitik ist ein optimaler **Kommunikations-Mix**, d. h. die jeweils eingesetzten Kommunikationsinstrumente müssen derart aufeinander abgestimmt sein, dass die Kommunikationswirkung auf dem Markt für einen Anbieter optimiert wird. Welche Instrumente sich in welcher Art und Weise auf dem Markt allgemein einsetzen lassen, veranschaulicht die folgende Abbildung.

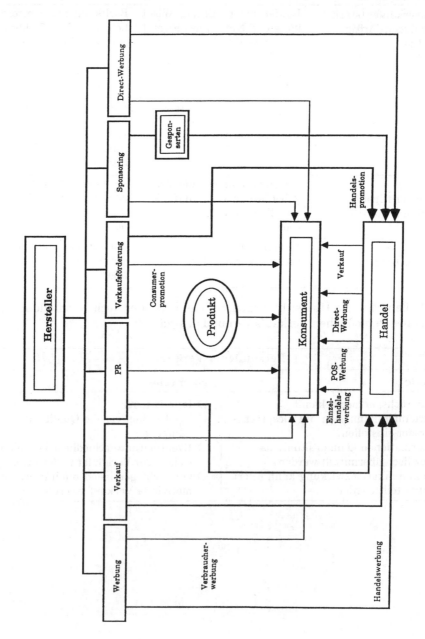

Abb. Kommunikationswege zum Konsumenten

4 7

Erklären Sie, was man unter den in diesem Kapitel behandelten Begriffen versteht:

- ❑ Kommunikationspolitik
- ❑ Werbung
- ❑ Werbeobjekt
- ❑ Werbesubjekt
- ❑ Werbungtreibender
- ❑ Werbebotschaft
- ❑ Werbemittel
- ❑ Werbeträger
- ❑ Prozess der Werbeplanung und -kontrolle
- ❑ Werbeziele
- ❑ Werbeetat (Werbebudget)
- ❑ Mediaselektion
- ❑ Inter-Media-Selektion
- ❑ Intra-Media-Selektion
- ❑ Pretest
- ❑ Werbezeit
- ❑ Werbeerfolgskontrolle
- ❑ Kommunikativer Werbeerfolg
- ❑ Ökonomischer Werbeerfolg

- ❑ Recognition-Test
- ❑ Recall-Test
- ❑ Direktwerbung
- ❑ Methoden der Direktwerbung
- ❑ Telefonmarketing
- ❑ Verkaufsförderung
- ❑ Handelspromotion
- ❑ Verkaufspromotion
- ❑ Verbraucherpromotion
- ❑ Sponsoring
- ❑ C-I-Politik
- ❑ Persönlicher Verkauf
- ❑ Entscheidungen im Verkauf
- ❑ Aufgaben des Verkäufers
- ❑ Informationsbeschaffung
- ❑ Verkaufsvorbereitung
- ❑ Verkaufsdurchführung
- ❑ Verkaufsabwicklung
- ❑ Verkäuferbezeichnungen

Seite 159

H. Marketing-Controlling

Unter Marketing-Controlling versteht man die systematische Planung und Kontrolle der Marketingaktivitäten und die Bereitstellung der dafür erforderlichen Informationen.

Im Einzelnen unterscheidet man zwei Bereiche:

❑ **Marketingkontrolle**, d. h. die laufende und systematische Kontrolle der Marketingaktivitäten und

❑ **Marketing-Audit**, d. h. die Überprüfung der strategischen Marktposition, der Marketingstrategie und Effizienz der Marketingorganisation.

1. Marketingkontrolle

Marketingkontrolle bezieht sich auf die kurz- und mittelfristigen Ergebnisse der Marketingaktivitäten.

Kontrolle	Beispiel
Marketingziele	○ Umsatz ○ Marktanteil ○ Deckungsbeitrag ○ Gewinn ○ Kundenzufriedenheit ○ Bekanntheitsgrad ○ Image
Marketingeffizienz	○ Soll-Ist-Vergleich ○ Unternehmensvergleich ○ Kennzahlen
Budgetkontrolle	○ Marketingbudget ○ Werbebudget ○ Verkaufsbudget ○ Kundendienstbudget

2. Marketing-Audit

Im Rahmen des Marketing-Audits unterscheidet man in folgende Bereiche mit unterschiedlicher Zielsetzung.

Marketing-Audit	Zielsetzung
Prämissen-Audit	Zusammenstellung, Überprüfung, Bewertung und Analyse aller das Marketing beeinflussenden Umweltbedingungen
Marketingziele-Audit	Prüfung aller Ziele im und für das Marketing im Hinblick auf Realisierbarkeit, Transparenz, Interdependenz, Verständlichkeit und Vollständigkeit
Marketingstrategie-Audit	Kompatibilität von Zielen und Strategien
Marketingaktivitäten-Audit	Überprüfung des Marketing-Mix im Hinblick auf Art und Zusammensetzung sowie seine Effizienz
Marketingprozess-Audit	Untersuchung des Ablaufs und der eingesetzten Methoden und Verfahren zur Zielerreichung im Marketing
Marketingorganisations-Audit	Überprüfung inwieweit die Organisation im Marketing den Anforderungen entspricht

Die im Marketing-Controlling eingesetzten Methoden lassen sich in operative und strategische Methoden unterscheiden.

Methoden	Beispiele	Ziele
Operative Methoden	○ Berichtswesen ○ Wirtschaftlichkeitsanalysen ○ Deckungsbeitragsrechnung ○ Marktforschung	Steigerung der operativen Marketingaktivitäten
Strategische Methoden	○ Stärken-Schwächen-Analyse ○ Chancen-Risiko-Analyse ○ Wettbewerbsanalysen ○ Prozesskostenrechnung ○ Lebenszyklusanalyse	Steigerung der Effizienz der strategischen Marketingaktivitäten

Marketing-Controlling bietet dem Unternehmen Hilfestellung und Unterstützung bei

❑ der Marketingplanung durch Informationsbereitstellung und Koordinationsverbesserung

❑ der Steuerung und Realisierung der Marketingkonzeption

❑ dem schnellen Erkennen von Soll-Ist-Abweichungen

❑ der Erfolgsanalyse von Produkten, Branchen, Kunden

❑ der Steigerung der Effizienz des Einsatzes der marketingpolitischen Instrumente

❑ der Verbesserung der Planung und Kontrolle im gesamten Marketingbereich und in Teilbereichen des Marketing.

48 Der Diplom-Betriebswirt Peter Müller hat als Anfangsposition eine Stelle als Assistent des Verkaufsleiters angenommen. Nach der Einarbeitungszeit bittet der Verkaufsleiter Herrn Müller, ihm Vorschläge zu machen, wie er den Verkauf bzw. die Verkaufsmitarbeiter am besten kontrollieren könne. Bisher werden von dem Verkaufsleiter nur die Besuchsberichte durchgesehen und monatlich die Ist-Umsätze kontrolliert.

Der Verkaufsleiter möchte insbesondere wissen:

1. Welche Kennzahlen er noch zur Kontrolle heranziehen kann?
2. Welche Kennzahlen insbesondere zur Messung der persönlichen Verkaufsleistung herangezogen werden könnten?

Seite 159

49 Erklären Sie, was man unter den in diesem Kapitel behandelten Begriffen versteht:

❑ Marketing-Controlling
❑ Marketingkontrolle
❑ Marketing-Audit
❑ Prämissen-Audit
❑ Marketingziele-Audit

❑ Marketingstrategie-Audit
❑ Marketingaktivitäten-Audit
❑ Marketingprozess-Audit
❑ Methoden des Marketing-Controlling
❑ Vorteile des Marketing-Controlling

Seite 160

I. Marketingorganisation

1. Begriff

Um die im Marketing zur Erfüllung der Marketingaufgaben erforderlichen Funktionen zu gewährleisten, ist es erforderlich den Marketingbereich im Hinblick auf Aufbau und Ablauf zu regeln. Diese Regelungen erfolgen im Rahmen der Aufbau- und Ablauforganisation des Marketing.

Die dabei zutreffenden Entscheidungen betreffen:

- die grundlegende Aufgliederung der Marketingaufgabe in Abteilungen und Stellen
- die Festlegung der von den Stellen und Abteilungen wahrzunehmenden Aufgaben und Kompetenzen
- die Zuordnung der Verantwortung für die einzelnen Aufgaben
- die Koordination mit den übrigen Schnittstellen im Unternehmen (Produktion, Beschaffung und Personal).

Marketingorganisationen müssen sich an folgenden Kriterien messen lassen:

- Kundenorientierung
- Marketingorientierung
- Innovationsfähigkeit
- Koordinationsfähigkeit
- Mitarbeitermotivation
- Flexibilität.

Grundsätzlich lassen sich Marketingorganisationen nach folgenden Kriterien strukturieren:

- Funktionen (Aufgaben)
- Produkten / Produktgruppen
- Gebieten (Regionen)
- Kunden (Kundengruppen).

Je nachdem, welche Aspekte im Vordergrund stehen, ergeben sich unterschiedliche Formen der Marketingorganisation.

Wird nur nach einer Dimension unterschieden, spricht man von **eindimensionaler Gliederung**, wird nach mehreren Funktionen unterschieden, spricht man von **mehrdimensionaler Gliederung**.

Eindimensionale Gliederung	Dimension	Organisationsform
Gegebenenfalls ergänzt durch Stabsstellen wie z. B. Produktmanager Kundenmanager	Funktion	Funktionsorientiert
	Objekt	Produktorientiert Produktgruppenorientiert
	Kunde	Kundenorientiert Kundengruppenorientiert
	Gebiet	Gebietsorientiert
Mehrdimensionale Gliederung 2 Dimensionen {	Funktion + Produkt Funktion + Gebiet Produkt + Gebiet	Matrixorganisation
3 Dimensionen {	Funktionen + Produkte + Kunden Gebiete + Kunden + Produkte	Tensororganisation

Jedes Unternehmen benötigt die für seinen Markt und die Aufgaben passende, d. h. optimale Organisationsstruktur.

Im Folgenden sollen kurz einige typische Organisationsstrukturen beispielhaft skizziert werden.

2. Funktionsorientierte Marketingorganisation

Bei der funktionsorientierten Marketingorganisation werden die Marketingaufgaben nach Funktionen gleicher Art gegliedert wie z. B. Marktforschung, Werbung, Verkauf, Verkaufsförderung usw.

Abb.I1: Funktionsorientierte Marketingorganisation

Vorteile	Nachteile
○ Klare Zuständigkeit für einzelne Funktionen ○ Konzentration auf Funktionen ○ Einheitlicher Marktauftritt möglich ○ Zentrale Entscheidungsmöglichkeiten ○ Standardisierung und Spezialisierung der Funktionen	○ Keine einheitliche Marktorientierung ○ Geringe Flexibilität ○ Mangelnde bzw. schwierige Koordination ○ Geringe ganzheitliche Betrachtung ○ Geringe Kreativität und Innovationsbereitschaft

3. Produktorientierte Marketingorganisation

Bei dieser Organisationsform wird zuerst das Unternehmen nach objektorientierten Kriterien (Produkte, Produktgruppen, Produktbereiche) in Organisationseinheiten (Divisionen, Sparten) unterteilt. In jeder Sparte werden dann die dafür erforderlichen Marketingaufgaben wahrgenommen.

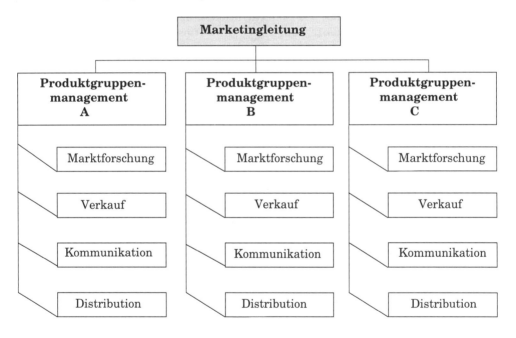

Abb. I2: Produktorientierte Marketingorganisation

Produktorientierte Marketingorganisation	
Vorteile	**Nachteile**
○ Produktspezialisierung (Dezentralisation) ○ Produkt bzw. Produktgruppe steht im Vordergrund der Betrachtung ○ Marktorientierung für Marktleistung ○ Aufgabe, Kompetenz und Verantwortung sind Stellen zuordenbar und abgrenzbar ○ Ergebnisverantwortung durchführbar	○ Überschneidungen bei Aufgaben ○ Schwierigkeiten der Koordination mit anderen Stellen im Unternehmen ○ Innerbetrieblicher Wettbewerb um finanzielle Mittel ○ "Ressort-Denken" ○ Gefahr von Doppelarbeit

4. Kundenorientierte Marketingorganisation

Der verstärkte Wettbewerb, das verlangsamte Wirtschaftswachstum, Sättigungserscheinungen, Kooperations- und Konzentrationsprozesse auf der Nachfragerseite haben zu einer stärkeren Ausrichtung der Organisation auf den Kunden geführt. Je Kunde bzw. Kundengruppe werden dann die erforderlichen Marketingaufgaben durchgeführt.

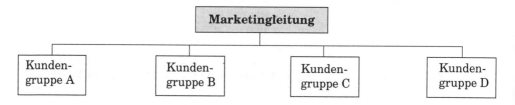

Abb. I3: Kundenorientierte Marketingorganisation

5. Gebietsorientierte Marketingorganisation

Die Ausweitung (Internationalisierung, Globalisierung) und die intensive Bearbeitung der Märkte (Lokalisierung, Regionalisierung) haben die gebietsorientierte Marketingorganisation gefördert. Hier wird die Gesamtorganisation zuerst nach Gebieten unterteilt, dem dann weitere Differenzierungen folgen können (Gebiete, Produkt, Funktion).

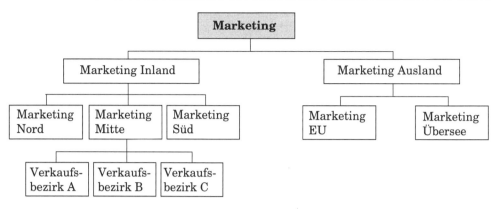

Abb. I4: Gebietsorientierte Marketingorganisation

Eine gebietsorientierte Marketingorganisation kommt (all business is local) vor allem in Betracht bei:

❑ multinationalen Unternehmen
❑ Unternehmen mit Gebieten unterschiedlichen Verbraucherverhaltens
❑ Unternehmen mit weitgehend problemlosen Produkten
❑ Unternehmen mit weitgehend homogenen Produkten
❑ Unternehmen mit mitarbeiterintensivem Außendienst.

Gebietsorientierte Marketingorganisation	
Vorteile	**Nachteile**
○ Individuelle Kundenorientierung ○ Verbesserung der Information über den Kunden ○ Individuelle Betreuung von Kunden und Kundengruppen ○ Bessere Durchsetzung der eigenen Marketingstrategie ○ Verbesserung der Verhandlungsposition	○ Umfangreiche Koordinationsaufgaben ○ Eventuell höhere Kosten ○ Höherer Koordinationsaufwand

6. Matrixorganisation

Die Matrixorganisation ist eine Organisationsstruktur, die durch zwei strukturbildende Merkmale gekennzeichnet ist, z. B. Produkte und Funktionen. Auf diese Weise gelangt man zu der Unterscheidung in Produktmanager und Funktionsmanager.

Kennzeichnend für den **Produktmanager** ist die Zuständigkeit für ein Produkt, für das er dann die Verantwortung trägt. Damit wurde beim Übergang von der funktionsorientierten Organisation zur Matrixorganisation erstmals eine für ein Produkt oder eine Produktgruppe verantwortliche Stelle geschaffen.

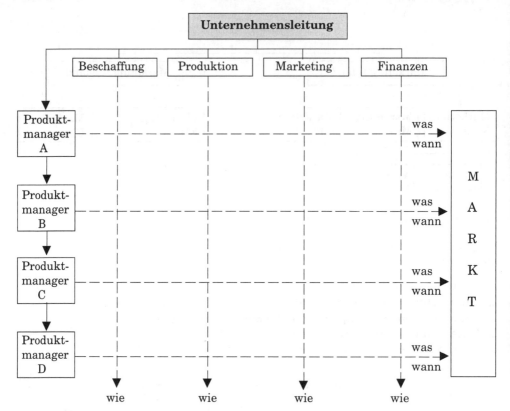

Abb. I5: Matrixorganisation

Im Einzelnen obliegen Produktmanagern folgende Aufgaben:

❑ Betreuung einer oder mehrerer Produkte bzw. Produktgruppen im Hinblick auf Umsatz, Kosten und Ergebnis
❑ Beobachtung und Analyse der Marktentwicklung
❑ Konkurrenzbeobachtung
❑ Erarbeitung von Produktstrategien und -konzeptionen
❑ Entwicklung von Marketingkonzeptionen für Produkte
❑ Planung und Koordination der marketingpolitischen Instrumente für die betreuten Produkte und Gruppen
❑ Zusammenarbeit mit den für den Produkterfolg wichtigen internen und externen Stellen, wie z. B. Marketingberatern, Werbeagenturen, Marktforschungsinstituten, Handelspartnern usw.

7. Tensororgansation

Bei der Tensororganisation erfolgt die organisatorische Strukturierung nach mindestens drei Kriterien z.B. Funktionen, Produkten und Kunden.

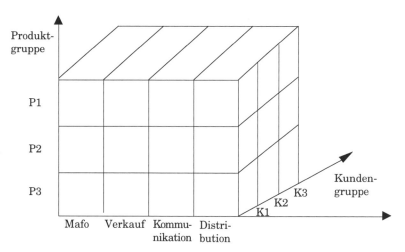

Abb. I6: Tensororganisation

Im Rahmen dieser Organisationsstruktur finden wir nicht nur den Produktmanager und Verkaufsmanager sondern auch Kundengruppenmanager, Trademanager und Key Account Manager.

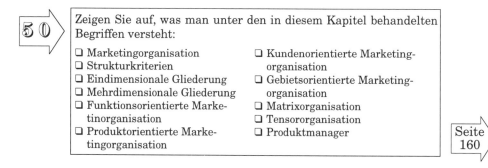

50 ▷ Zeigen Sie auf, was man unter den in diesem Kapitel behandelten Begriffen versteht:

❑ Marketingorganisation
❑ Strukturkriterien
❑ Eindimensionale Gliederung
❑ Mehrdimensionale Gliederung
❑ Funktionsorientierte Marketinorganisation
❑ Produktorientierte Marketingorganisation

❑ Kundenorientierte Marketingorganisation
❑ Gebietsorientierte Marketingorganisation
❑ Matrixorganisation
❑ Tensororganisation
❑ Produktmanager

Seite 160

Lösungen
zu den Übungen

01

Bedeutung	Käufermarkt	Verkäufermarkt
Verkäufer	groß	gering
Einkäufer	groß	gering
Preis	groß	gering
Distribution	groß	gering
Markt	groß	gering

02

Kriterien, die anzeigen, dass ein Unternehmen Marketing betreibt, sind:

❑ Führung des Unternehmens vom Markt her
❑ Kundenorientierung
❑ Wettbewerbsorientierung
❑ Anpassung der Organisation an die Markterfordernisse
❑ Marktforschung

03

Marktpotential = 750 Mio. DM

$$\text{absoluter Marktanteil vom Unternehmen X} = \frac{75.000.000 \text{ DM}}{500.000.000 \text{ DM}} \times 100 = \textbf{15 \%}$$

$$\text{relativer Marktanteil vom Unternehmen X} = \frac{75.000.000 \text{ DM}}{225.000.000 \text{ DM}} \times 100 = \textbf{33,3 \%}$$

04

Siehe MiniLex S. 163 ff.

05

1. ❑ Produktionsstand
   ❑ Rohstoffe
   ❑ Wirtschaftslage
   ❑ Wertesystem
   ❑ Konsumverhalten
   ❑ Freizeitverhalten
   ❑ Steuergesetze

2. ❑ Konkurrenzverhalten
   ❑ Konkurrenzstrategie
   ❑ Substitutionsgrad
   ❑ Image
   ❑ Marketingkonzept
   ❑ Wettbewerbsverhalten

06

1. ❑ Standort
   ❑ Sortiment
   ❑ Verkaufsräume
   ❑ Service
   ❑ Preisniveau
   ❑ Parkplätze

2.

	sehr gut				schlecht
Service	☒	❑	❑	❑	❑
Sortiment	❑	☒	❑	❑	❑
Preisniveau	❑	❑	☒	❑	❑
Standort	❑	❑	☒	❑	❑
Parkplätze	❑	❑	☒	❑	❑

Produktion	kumulierte Produktion	Kosten/Stück
1	1	30,00 DM
1	2	21,00 DM
2	4	14,70 DM
4	8	10,29 DM
8	16	7,20 DM
16	32	5,04 DM
32	64	3,53 DM

Bei der kumulierten Ausbringungsmenge von 64 Stück werden Stückkosten von 3,53 DM erreicht.

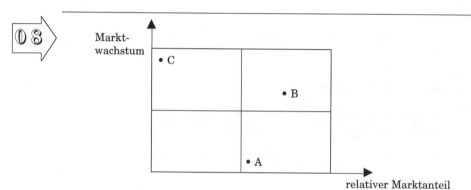

Unternehmenspositionierung (beispielhaft)
(nicht maßstabsgerecht)

1. **Marktdurchdringung**
   1.1 Erhöhung der Verbrauchsmenge
   1.2 Erhöhung der Verbrauchshäufigkeit
   1.3 Verdrängung von Konkurrenten
   1.4 Kundenbindung

2. **Markterweiterung**
   2.1 Gewinnung von neuen Kunden
   2.2 Gewinnung von Käufern und Substitutionsprodukten
   2.3 Gewinnung von Kunden auf bisher nicht bearbeiteten Märkten
   2.4 Aufzeigen von neuen Verwendungsmöglichkeiten

3. **Produktentwicklung**
   3.1 Produkte ohne Alkoholgehalt
   3.2 Produkte mit neuen Geschmacksvarianten
   3.3 Ausweitung auf alle Biersorten

4. **Diversifikation**
   4.1 **Vertikal**
      4.1.1 Hopfenanbau
      4.1.2 Bierverarbeitung in verschiedenen Lebensmitteln

4.2 Horizontal

4.2.1 Alkoholfreie Getränke
4.2.2 Schokogetränke
4.2.3 Schokolade
4.2.4 Zigaretten
4.2.5 Nahrungsmittel

4.3 Lateral

4.3.1 Tankstellen
4.3.2 Transportunternehmen
4.3.3 Medikamentenherstellung
4.3.4 PC-Vertrieb

❑ **Marktdurchdringung**

Hier muss das SB-Warenhaus versuchen, durch verstärkte Werbung, Verkaufsförderung und Aktionen die Besuche von Käufern im SB-Warenhaus zu erhöhen und die Käufe bzw. die Kaufsumme pro Besuch zu steigern. Im Rahmen der Werbung bieten sich an: Hauswurfsendungen, Beilagen in Anzeigenblättern und im Lokalteil von Tageszeitungen, Anzeigen, Außenwerbung, Lokaler Rundfunk. Verkaufsförderungsmaßnahmen könnten sein: Aktionswochen, Events, Preisausschreiben, Verlosungen usw.

❑ **Markterweiterung**

Durch regionale Erweiterung der Einzugsgebiete (z. B. Erweiterung der Verteilung von Hauswurfsendungen) als auch durch personenbezogene Erweiterung (z. B. Mitglieder von Organisationen) kann der Markt, wenn auch in der Regel nur begrenzt, erweitert werden.

❑ **Produktentwicklung**

Im vorliegenden Falle kann es sich nur um eine Erweiterung des Sortiments im Hinblick auf die Sortimentsbreite, -tiefe und Qualität des Angebots sowie ergänzende Dienstleistungen handeln. Beispiele: Bestellservice, Lieferservice, Ausweitung durch Aufnahme neuer Artikel (Brot und Brötchen backen, Imbiss-Stand usw.)

❑ **Diversifikation**

Die Diversifikation ist im Rahmen des SB-Warenhauses mittlerer Größe nicht empfehlenswert. Bei großen SB-Warenhäusern sind Dienstleistungen eine Ergänzung, wie z. B. Reisevermittlung, Rack-Jobber, PKW-Waschanlage, Tankstelle.

Aus den verschiedenen Strategien ist entsprechend dem jeweiligen Standort ein Strategiemix zu entwickeln. Wichtige Kriterien dafür sind: Standort, Käuferstruktur, Konkurrenz, Kaufkraft des Einzugsgebiets, Jahreszeit, wirtschaftliche Lage.

Siehe MiniLex S. 163 ff.

❑ Erhebungen bei Käufern von Investitionsgütern, bei Käufern von Gebrauchsgütern (z. B. Pkw)
❑ Erhebungen bei bestimmten Berufsgruppen, z. B. Ärzten, Rechtsanwälten, Notaren
❑ Erhebungen bei Studenten einer Hochschule
❑ Erhebungen bei Flugreisenden eines bestimmten Fluges
❑ Bei gesetzlich vorgeschriebenen Erhebungen (z. B. Volkszählungen, bestimmten Erkrankungen)

- Alle Zigarettenraucher sind nicht bekannt, vorzuschlagen ist eine Quotenerhebung.
- Alle zum Fahren eines Pkw berechtigten Personen sind bekannt, sodass grundsätzlich eine Vollerhebung möglich ist. Aus Kosten- und Zeitgründen empfiehlt sich jedoch eine Teilerhebung, Quotenverfahren.

- Die Zahl der Einkommens- und/oder Vermögensmillionäre könnte über die Finanzbehörden festgestellt werden. Aus Datenschutzgründen ist dies jedoch für Befragungen nicht möglich. Eine aussagefähige Erhebung ist u. E. nicht möglich. Befragungen nach Status und Einschätzungen sind nicht sehr aussagefähig. Nur Tendenzaussagen sind möglich.

- In der Regel werden nicht alle Wähler ihre Wahl bekannt geben. Eventuelle Befragung nach Stimmabgabe im Wahllokal möglich. Hierbei kann jedoch nur ein Teil der Wähler in einigen Wahllokalen befragt werden. Eventuell hoher Anteil von Nichtantwortern.

Zahl der Interviews = insgesamt 18, davon 9 Männer und 9 Frauen

	= Männer 9	9 Frauen
Alter 1	= Männer 3	3 Frauen
Alter 2	= Männer 3	3 Frauen
Alter 3	= Männer 3	3 Frauen
ledig	= Männer 3	3 Frauen
verheiratet	= Männer 3	3 Frauen
geschieden	= Männer 3	3 Frauen

Da nicht bekannt ist, wer das neue Produkte kennt, muss bekannt und nicht bekannt mit 50 % angesetzt werden.

$$n = \frac{z^2 \cdot p \cdot q}{z^2} = \frac{2^2 \cdot 0{,}50 \cdot 0{,}50}{0{,}04^2} = \mathbf{625}$$

Es müssen 625 Stichproben gezogen werden.

Die Beantwortung der Frage hängt von der konkreten Fragestellung ab. Für die Untersuchung zum Fahrverhalten von Frauen kann sowohl eine Beobachtung als auch eine Befragung durchgeführt werden, je nachdem was untersucht werden soll.

Im Rahmen einer **Befragung** kann z. B. ermittelt werden:
- Wie häufig Frauen fahren?
- Wie viel Kilometer werden im Jahr zurückgelegt?
- Wie schnell wird gefahren?
- Welche Pkw werden gefahren?
- Wie oft sind Unfälle aufgetreten usw.?

Im Rahmen einer **mitfahrenden** Beobachtung kann z. B. ermittelt werden:
- Das tatsächliche Fahrverhalten
- Die Einstellung beim Fahren
- Die Veränderung von Körperwerten wie z. B. Puls, Blutdruck, Schweißabsonderung usw.
- Die Fahrgeschwindigkeit usw.

Der Erfolg der Verkaufsförderungsmaßnahmen kann auf unterschiedliche Art und Weise berechnet werden. Am besten geht man nach dem EBA-CBA-Typ vor.

$$V_{ER} = (U_E - U_r) - (U_E - U_k)$$

$$V_{ER} = (900.000 - 600.000) - (700.000 - 600.000)$$

$$V_{ER} = 200.000 \text{ DM Umsatz}$$

1. Der Umsatzerfolg nach dem Experimenttyp EBA-CBA beträgt 200.000 DM. Verwendet man die anderen grundsätzlich möglichen Experimenttypen, so erhält man Umsatzsteigerungen von 200.000 bzw. 300.000 DM.

2. Beträgt der Bruttogewinn 10 % vom Umsatz, so wird ein Bruttogewinn von 20.000 DM erzielt. Da die Kosten für die Verkaufsförderungsmaßnahmen 24.000 DM betragen, ergibt sich in der beobachteten Periode ein Verlust von 4.000 DM.

3. Am besten geeignet erscheint der EBA-CBA-Typ.

Siehe MiniLex S. 163 ff.

Im Falle der Verpackung von Pralinen hat die Verpackung folgende Funktionen zu erfüllen:

❑ Eine Schutzfunktion gegen Beschädigung und Verderben.
❑ Eine Transportfunktion zum optimalen Transport.
❑ Eine rationelle Lagerungsfunktion soll gewährleistet werden.
❑ Eine Verkaufsfunktion, d. h. das Produkt soll durch die Verpackung ein bestimmtes Produktimage bewirken, das zum optimalen Verkauf bei der Zielgruppe dienen soll.
❑ Eine bestimmte Qualität soll durch die Verpackung sichtbar werden.
❑ Das Preis-Leistungsverhältnis soll sichtbar werden.
❑ Das Produkt soll sich von anderen Produkten unterscheiden (Differenzierungsfunktion).
❑ Verpackung ist warenwirtschaftlicher Informationsträger (Europäische Artikelnummer).

Produktinnovationen sind völlig neue Produkte, die ein Unternehmen auf den Markt bringt. Dafür entstanden Forschungs- und Entwicklungskosten, sowie je nach dem Grad der Produktinnovation hohe Markteinführungskosten. Das Pionierunternehmen hat dann den Vorteil, alleiniger Anbieter zu sein und kann im Hinblick auf die Marktbearbeitung die passende Strategie wählen. Es kann auch, sofern möglich, seine Rechte schützen lassen (z. B. Patent), sodass Konkurrenten entweder das neue Produkt nicht anbieten können oder eine Lizenz erwerben müssen.

Um dieses zu umgehen, kann ein Konkurrenzunternehmen ein ähnliches Produkt nachbauen oder imitieren. Dabei stellt sich die Frage, ob das Pionierunternehmen dagegen rechtlich vorgehen kann.

Ist dies nicht möglich, haben "Produktimitationen" folgende Vorteile:

❑ Geringere Forschungs- und Entwicklungskosten
❑ "Grundsätzliche Bekanntheit" eines vergleichbaren Produktes auf dem Markt und bei der Zielgruppe
❑ Eventuelle Fehler der Produktinnovation können beseitigt werden
❑ Die Aufnahmefähigkeit des Marktes ist schon vorhanden und muss nicht erst geschaffen werden.

Bei der Vorauswahl von Produktideen geht man grundsätzlich wie folgt vor:

❑ Anforderungen an Produkt
❑ Marktchancen für Produkt
❑ Kapital zur Realisierung vorhanden
❑ Know-how vorhanden
❑ Beziehung zum bisherigen Produkt-Mix
❑ Beziehung zum Unternehmen

Zur Beurteilung einer neuen Zahnpasta sollte man heranziehen:

❑ Marktchancen
❑ Akzeptanz bei Zielgruppe
❑ Positionierung im Vergleich zu Konkurrenzprodukten
❑ Preis-Leistungsverhältnis
❑ Unternehmensimage
❑ Aufnahmebereitschaft des Handels

Der Break-even-Punkt liegt bei 4.800 Stück und wird im ersten Jahr um 5.200 Stück überschritten.

$$X_B = \frac{120.000 \text{ DM}}{(50 - 25) \text{ DM}} = 4.800$$

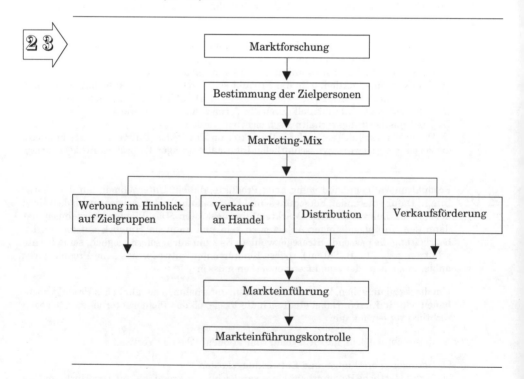

Die Überprüfung der Produkteinführung kann erfolgen mithilfe des Soll-Ist-Vergleichs. Voraussetzung dafür sind entsprechende Planzahlen im Hinblick auf

❑ Umsatz, Kosten, Deckungsbeiträge
❑ Bekanntheitsgrad, Produktimage usw.

1.

Produkt	Absatz-menge	Preis DM	Stückkosten gesamt DM	Stückkosten variabel DM	DB Mio. DM	Gewinn-beitrag Mio. DM
A	1.000.000	10,00	10,00	7,00	3,0	0,0
B	800.000	20,00	18,00	15,00	4,0	+ 1,6
C	600.000	16,00	12,00	9,00	4,2	+ 2,4

+ 11,2   + 4,0
./. Fixkosten   ./. 7,2
+ 4,0

Der Gewinnbeitrag von A ist Null.

2.

Preisänderung Produkt A auf 12,00 DM pro Stück
Deckungsbeitrag: 800.000 · 5,00 DM = 4,0 Mio. DM
Gewinnbeitrag: 800.000 · 2,00 DM = 1,0 Mio. DM

Werden nur die Preise und Kosten berücksichtigt, so empfiehlt es sich, den Preis auf 12,00 DM zu erhöhen, weil dadurch der Deckungsbeitrag von Produkt A auf 4 Mio. DM und der Gewinnbeitrag um 1,6 Mio. DM auf 5,6 Mio. DM steigt.

Umsatz

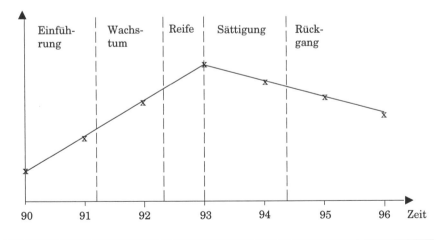

Lebenszyklusphase	Marketingpolitische Instrumente
Einführung	O Einführungswerbung O Verkauf O Distribution O Verkaufsförderung
Wachstum	O Werbung zur Steigerung des Bekanntheitsgrades O Steigerung des Distributionsgrades O Produktpositionierung
Reife	O Erhaltungs- und Nutzenwerbung O Verkaufsförderungsaktionen O Produktdifferenzierung O Preisvariationen
Sättigung	O Erhaltungswerbung O Sonderaktionen O Produktvariation
Rückgang	O Sonderpreisaktionen O Elimination O Produktneustart (Relaunch)

- ❑ Blumengeschäft, Teppichhandel, Tabakwaren
- ❑ Kinderladen, Alles für die werdende Mutter, Sex-Shops
- ❑ Hochpreisig: Parfümerie, Juwelier, Delikatessengeschäft
  Niedrigpreisig: Lebensmitteldiscounter, Drogeriemarkt, Aldi
- ❑ Selbstbedienung: Lebensmittel, Getränke, Billigkleidung
  Fremdbedienung: Computer, Schmuck, Kameras, Fleisch

Lange Zeit bot Daimler-Benz nur einige wenige Pkw in der Oberklasse an. Dann wurde das Programm in die Mittelklasse erweitert (190). Heute bietet Mercedes, wenn man den Smart auch noch dazu rechnet, eine Programmbreite und -tiefe auf dem Pkw-Markt vom Kleinstwagen bis zur Staatskarosse an.

Beispiel:	Smart	E-Klasse	G-Klasse	SL-Klasse
	A-Klasse	S-Klasse	SLK	M-Klasse
	C-Klasse	V-Klasse	CLK	

Ziel dieser Programmpolitik ist, auf allen Teilmärkten des Pkw-Gesamtmarktes präsent zu sein und die unterschiedlichsten Bedürfnisse der in Frage kommenden Zielgruppen zu befriedigen. Somit kann eine Person vom Zeitpunkt des ersten Kaufs eines Pkw bis zum Ausscheiden als Pkw-Käufer mit verschiedenen Typen eines Herstellers seine Fahrbedürfnisse befriedigen.

Siehe MiniLex S. 163 ff.

Handel	Industrie
Listenpreis (ohne MWSt)	variable Fertigungskosten
− Rabatte	+ fixe Fertigungskosten
∓ Sonderkonditionen	= Herstellkosten
= Einkaufspreis	+ Verwaltungskosten
± Bezugskosten	± Vertriebskosten
= Einstandspreis	= Selbstkosten
± Handlungskosten	± Gewinnaufschlag
= Selbstkosten	= Nettoverkaufspreis
± Gewinnaufschlag	± MWSt
= Nettoverkaufspreis	= Bruttoverkaufspreis
± MWSt	
= Bruttoverkaufspreis	

Grundsätzlich erfolgt in den meisten Fällen auch im Handel die progressive Zuschlagskalkulation. Nur ist die Ausgangsbasis im Handel und in der Industrie unterschiedlich.

1. Kurzfristig;

Der Deckungsbeitrag muss die variablen Kosten decken.
Nettopreis = 2,00 DM

2. Langfristig:

Die Vollkosten und der Gewinnzuschlag sollten gedeckt werden.

	Variable Fertigungsstückkosten	2,00 DM
+	Fixe Fergtigungsstückkosten	2,00 DM
=	Herstellkosten	4,00 DM
+	Verwaltungs- und Vertriebskosten	2,00 DM
=	Selbstkosten	6,00 DM
+	Gewinnaufschlag (3 %)	0,18 DM
=	Nettopreis	6,18 DM

Bei den Selbstkosten von 6,00 DM liegt langfristig die Preisuntergrenze.

Break-even-Point:

$$q = \frac{FK}{P - K_{vdr}} = \frac{1.000.000}{40,00 - 18,00} = \frac{1.000.000}{22} = \mathbf{45.455}$$

Es müssen 45.455 Stück abgesetzt werden.

1. Umsatz steigt
2. Umsatz konstant oder steigt
3. Umsatz steigt
4. Umsatz steigt
5. Umsatz sinkt

Abgabepreis:

Variable Fertigungsstückkosten	0,40 DM
+ Fixe Fertigungsstückkosten	0,10 DM
= Herstellkosten	0,50 DM
+ Zuschlag 100 %	0,50 DM
= Selbstkosten	1,00 DM
+ Gewinnzuschlag 10 %	0,10 DM
= Nettoabgabepreis	1,10 DM

Nein!

Der Nettoabgabepreis liegt mit 1,10 DM um 0,11 DM höher als der Preis der Konkurrenz. Auch bei Verzicht auf den 10%igen Gewinnzuschlag liegt der Konkurrenzpreis noch um 0,01 DM niedriger.

Kosten eines Bankkredits	= 2 % der Rechnungssumme (2 Monate)
Kostenvorteil Skonto	= 3 % der Rechnungssumme (36 %)
Also Rabatt ausnutzen. Vorteil	= 36 % ./. 12 % = 24 %

Siehe MiniLex S. 163 ff.

1. Da beim Absatz von Turbinen Interessenten ausführlich beraten werden müssen und die Größe der Turbinen auf die jeweiligen Betriebsverhältnisse zu berechnen sind, empfielt sich der Direktabsatz vom Hersteller über angestellte Außendienstmitarbeiter (Vertriebsingenieure). Beim Absatz von Turbinen kommt es insbesondere auf die intensive und fachmännische Beratung von Interessenten an.

2. Ein Landwirt, der Obst verkaufen will, kann dies entweder direkt an Verbraucher versuchen oder über die Großmärkte absetzen. Der letztere Weg wird in der Regel gewählt, da hier größere Mengen abzusetzen sind.

3. Ein Baumschinenunternehmen, das kleinere und wenig erklärungsbedürftige Zementmischmaschinen herstellt, wird dies über den Handel tun. Hier bietet sich der Fachhandel für Baubedarf an sowie sonstige Einzelhändler (Do-it-yourself, Heimwerkerbedarf, Eisenwarenhandel usw.).

4. Der Hersteller von Gummimatten für Pkw hat verschiedene Möglichkeiten, seine Gummimatten abzusetzen. Direktabsatz sollte er zu den Herstellern für Pkw wählen. Im Rahmen des Ersatz- oder Zusatzbedarfs empfiehlt sich auch der Absatz über den Automobilzubehörhandel aber auch sonstige Großbetriebsformen des Einzelhandels wie Versandhandel, Warenhäuser, Verbrauchermärkte usw.

1. Zu berücksichtigende Kriterien:

○ Marktsituation	○ Steuerungsmöglichkeiten
○ Konkurrenzlage	○ Flexibilität
○ Bearbeitungsqualität	○ Trainingsmaßnahmen
○ Kosten	○ Kundenbindungsaktivitäten

2. Kosten des **Reisenden** im Jahr:

4.500 · 13 = 58.500 DM Gehalt

Dazu kommen noch die Kosten für Sozialbeiträge, für einen Pkw, für Versicherungen und Spesen.

Kosten **Handelsvertreter** im Jahr:

5 % von 800.000 DM = 40.000 DM Provision

Im vorliegenden Fall werden dem Handelsvertreter nur Provisionen bezahlt.

Bei diesen Bedingungen ist der Handelsvertreter kostengünstiger.

3. Bei dem Jahresumsatz von 1.200.000 DM betragen die Kosten für den Handelsvertreter:

1.200.000 DM · 0,05 = 60.000 DM

Die Kosten des Reisenden (ohne zusätzliche Kosten) betragen weiterhin 58.500 DM. Formal sind die an den Handelsvertreter zu zahlenden Beträge um 1.500 DM höher als an den Reisenden. Insgesamt (Sozialbeiträge, Versicherung, Pkw, Tagegelder usw.) sind die Kosten für den Reisenden immer noch höher als für den Handelsvertreter.

Siehe MiniLex S. 163 ff.

---

1. Das Werbeziel ist, Kindol bekannt zu machen und das Produkt "vorzuverkaufen".
2. Werbesubjekte sind Mütter, Väter und die entsprechenden Kinder.
3. Zur Einführung sind besonders TV-Spots geeignet.
4. Werbeträger: 1. Fernsehen, 2. Zeitschriften für Eltern.
5. Der genannte Einführungszeitpunkt erscheint ungeeignet wegen Urlaubs- und Ferienzeit.

Produkte	Werbeträger
Damenoberbekleidung	Amica, Petra
Herrenparfüm (exklusiv)	Playboy, Men´s Health
Sportwagen (Porsche)	Spiegel, FAZ
Fachbuch Wirtschaft	FAZ, Wirtschaftswoche
Jeans für Mädchen	Bravo-Girl, Mädchen
Wintergärten	Das Haus, Bauen & Wohnen
PC	Computer-Bild, PC-Welt, PC-Praxis

Tausender-Kontaktpreis (TKP)

$$TKP_A = \frac{20.000}{300.000 \cdot 1,5} = \frac{20.000 \text{ DM}}{450.000 \text{ Leser}} = 44,44 \text{ DM/}_{\text{Leser}}$$

$$TKP_B = \frac{40.000}{800.000 \cdot 2,2} = \frac{40.000 \text{ DM}}{1.760.000 \text{ DM}} = 22,72 \text{ DM/}_{\text{Leser}}$$

Reichweite:

A: RW = 300.000 · 1,5 · 0,40 = 180.000 Frauen
B: RW = 800.000 · 2,2 · 0,25 = 440.000 Frauen

Entscheidung für Zeitschrift B.

	Werbeträger
1. Parfüm (Frauen)	Fernsehen (TM3, RTL, PRO7) Zeitschriften (Brigitte, Tina, Elle)
2. Produkt für Jugendliche	Fernsehen (RTL, PRO7) Zeitschriften (Bravo Boy, Bravo Girl)
3. Medikament (nicht verschreibungspflichtig)	Fernsehen (ARD, ZDF) Zeitschriften (Apotheken-Umschau, Medizin heute, Neue Gesundheit)
4. Medikament (verschreibungspflichtig)	Zeitschriften und Zeitungen für Ärzte

Ein Lebensmittelgeschäft hat in der Regel ein lokales Einzugsgebiet, sodass sich folgende Werbemaßnahmen empfehlen:

❑ Hauswurfsendungen im Einzugsgebiet des Lebensmittelhändlers
❑ Außenwerbung am und Innenwerbung im Geschäft

Ergänzend wird es sicher auch zu empfehlen sein, im Rahmen der Veranstaltungen lokaler Vereinigungen gelegentlich zu werben, wie z. B. Fußballverein, Gesangverein, Kirchenzeitung, Karnevalverein, Taubenzüchter usw.

Vereinfacht sollen die einzelnen Schritte aufgezeigt werden.

Schritt 1: **Ermittlung der insgesamt bei allen Handelsbetrieben durchzuführenden Besuche**

	Anzahl	**Zahl der Besucher pro Jahr**	**Besuche insgesamt**
Großhandlung A	100	24	2.400
Großhandlung B	200	12	2.400
Großhandlung C	300	6	1.800
Großhandlung A	1.000	12	12.000
Großhandlung B	2.000	8	16.000
Großhandlung C	3.000	6	18.000
Kunden insgesamt	**6.600**		**52.600**

Gesamtzahl der Besuche = 52.600

Schritt 2: **Ermittlung der Besuche, die ein Außendienstmitarbeiter im Jahr ausführen kann.**

Dabei kann im vorliegenden Fall von durchschnittlich 8 Besuchen pro Verkäufer ausgegangen werden. Anzahl der Arbeitstage pro Jahr 200.

Besuch eines Verkäufers im Jahr = 8 · 200 = 1.600 Besuche pro Jahr.

Schritt 3: **Ermittlung der erforderlichen Anzahl von Verkäufern**

$$\text{Anzahl Verkäufer} = \frac{\text{Gesamtzahl der Besuche}}{\text{Besuche eines Verkäufers pro Jahr}} = \frac{52.600}{1.600} = 32{,}8 \text{ Verkäufer}$$

Es werden bei den vorliegenden Gegebenheiten 33 Verkäufer benötigt. Durch die vereinfachte Rechnung ergibt sich, dass noch 3 Verkäufer einzustellen sind.

In der Praxis kann es aber durchaus sein, dass die 30 vorhandenen Verkäufer völlig ausreichen, wenn die zwischen Außendienstmitarbeitern und Verkaufsleiter eingesetzten 5 Gebietsverkaufsleiter bestimmte, die Verkäufer entlastende Aufgaben übernehmen. Da, wie im vorliegenden Fall, im Durchschnitt 6 Verkäufer einem Gebietsverkaufsleiter unterstehen, erscheint dies durchaus möglich, da man in ähnlich liegenden Situationen von einer Kontrollspanne von 5 - 8 Verkäufern ausgeht.

Sollte der Verkaufsleiter jedoch bisher noch keine Gebietsverkaufsleiter eingesetzt haben, so ist ihm schnellstens zu raten, diese einzusetzen. In diesem Falle sind die Klagen der Außendienstmitarbeiter berechtigt.

Siehe MiniLex S. 163 ff.

1. Zur Kontrolle können objektive Tatbestände und in der Person des Verkaufsmitarbeiters liegende Kriterien herangezogen werden.

Objektive Kennzahlen sind:

❏ Umsatz   ❏ Kundenbindung
❏ Umsatz je Besuch   ❏ Marktanteil im Verkaufsgebiet
❏ Umsatzabweichungsgrad   ❏ Neukunden
❏ Absatzpotentialausschöpfung   ❏ Anzahl der Besuche im Verhältnis zum
                                               Auftrag

2. Die persönlichen Leistungskennzahlen sind:

❏ Anzahl der Besuche pro Tag, Jahr   ❏ gewonnene Neukunden
❏ Tägliche Arbeitszeit (im Durchschnitt) ❏ verlorene Kunden
❏ Gefahrene Kilometer pro Jahr   ❏ Kundenbindungsfähigkeit
❏ Anzahl der Besuche zu den Abschlüssen ❏ Kundenzufriedenheitsgrad
❏ Dauer der Verkaufsgesprächszeit
  im Durchschnitt

Viele dieser Daten können aufgrund der Besuchsberichte ermittelt werden. Ergänzend müssen Informationen aus dem Rechnungswesen, durch Begleitung der Verkaufsmitarbeiter bei Kundenbesuchen und durch Befragung der Kunden (Kundenzufriedenheit) gewonnen werden.

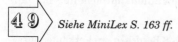 *Siehe MiniLex S. 163 ff.*

 *Siehe MiniLex S. 163 ff.*

Das **MiniLex** enthält die wichtigsten Begriffe, die in diesem Buch behandelt werden. Weitergehende Begriffe finden sich in:

Olfert / Rahn, Lexikon der Betriebswirtschaftslehre, Kiehl Verlag

Absatzhelfer/ Absatzmittler	Absatzhelfer sind rechtlich Selbstständige (Handelsvertreter, Makler, Kommissionäre), die in den Absatz eingeschaltet sind, ohne Eigentum an den zu verkaufenden Produkten zu erwerben.
	Absatzmittler sind rechtlich selbstständige Personen oder Institutionen (Einzelhandel, Großhandel), die in den Absatz von Produkten eingeschaltet sind und diese Produkte im eigenen Namen und auf eigene Rechnung kaufen und verkaufen.
AGB-Gesetz	Gesetz zur Regelung der Allgemeinen Geschäftsbedingungen grenzt die Gestaltungsfreiheit von Kaufverträgen zum Schutze der Verbraucher ein.
Anbieter	Als Anbieter treten auf dem Markt auf: Einzelpersonen, produzierende Unternehmer, Handelsunternehmen, die öffentliche Hand, Importunternehmen, Dienstleistungsunternehmen.
Auswahl- verfahren	Hierunter versteht man das Vorgehen bei der Auswahl von Elementen aus einer Grundgesamtheit. Grundsätzlich kann man nach einem zufallsorientierten Verfahren, nach dem Quotenauswahlverfahren, nach der Konzentrationsauswahl und nach einem typischen Auswahlverfahren vorgehen.
Befragung	Ist eine Methode der Erhebung, bei der mündlich, schriftlich, telefonisch oder computerunterstützt Personen Fragen gestellt werden um Informationen zu erhalten.
Beobachtung	Diese Erhebungsmethode versucht, durch persönliche oder apparative Beobachtung Informationen über Personen und Verhaltensweisen zu gewinnen.
Break-even-point	Er gibt an, bei welchem Umsatz die Gesamtkosten gleich dem Umsatz sind. Bei einer Umsatzsteigerung kommt ein Unternehmen in die Gewinnzone.
C-I-Politik	Sie hat die Aufgabe, ein ganz bestimmtes Fremdbild von einem Unternehmen auf dem Markt zu erreichen. Ziel ist, dass das Selbstbild des Unternehmens gleich dem Fremdbild wird um dadurch Marktvorteile zu erzielen.
Datenanalyse	Auswertung von bei Untersuchungen festgestellten Daten durch den Einsatz statistischer Methoden. Man unterscheidet in univariate, bivariate und multivariate Verfahren der Datenanalyse.
Datenquellen, *interne*	Dazu zählen Daten aus dem Rechnungswesen, der Kostenrechnung, den Außendienstberichten, der Produktion (Kapazitäten) und der Bestandsführung.

Datenquellen, *externe*	Externe Daten aus dem Markt und Wirtschaftsbereich sind aus öffentlichen Statistiken (Bund, Land, Städte) aus Datenbanken, aus Untersuchungen von Marktforschungsinstituten, aus Zeitschriften, aus Veröffentlichungen von Verlagen, aus Panels usw. zugänglich.
Deckungs-beitrag	Er ergibt sich nach Abzug der einem Bezugsobjekt (z. B. Produkt, Kunde, Gebiet) direkt zurechenbaren Kosten. Er zeigt den Beitrag an, der zur Deckung aller anderen Kosten und als Gewinn übrig bleibt.
Dienstleistungen	Dienstleistungen unterscheiden sich von Produkten durch wichtige Merkmale: ○ Sie sind immateriell. ○ Sie sind nicht lagerfähig. ○ Sie existieren beim Kauf noch nicht. ○ Sie erhalten ihre Ausgestaltung erst bei Erbringung der Dienstleistung. Man unterscheidet in personenbezogene und objektbezogene Dienstleistungen.
Dienstleistungs-marketing	Das Dienstleistungsmarketing muss auf das Vertrauen der Dienstleistungsabnehmer in den Dienstleistungsanbieter aufgebaut werden. Daher ist neben der Leistungserbringung die Kommunikationspolitik von großer Bedeutung. Die Erzielung einer möglichst hohen Kundenzufriedenheit muss angestrebt werden.
Diffusions-prozess	Er gibt den Prozess für die Verbreitung von Innovationen im Markt an. Man unterscheidet dabei verschiedene typische Teilnehmer in einzelnen Phasen, wie z. B. Adaptoren, frühe Mehrheit, späte Mehrheit, Nachzügler.
Direktabsatz	Er bedeutet, dass Käufer ihre Leistungen direkt vom Hersteller - also ohne Einschaltung des Handels - erhalten.
Direktwerbung	Sie ist eine Werbeform, bei der die Zielpersonen einzeln und unmittelbar kontaktiert werden und oft der Werbeerfolg direkt messbar ist. Dazu gehören u. a.: Direct mailings, Hauswurfsendungen, Postwurfsendungen, Telefonwerbung, Faxwerbung usw.
Distributions-politik	Sie umfasst alle Entscheidungen, die im Zusammenhang mit dem Weg eines Produktes vom Ort der Herstellung zum Ort des Käufers oder Nutzers zu treffen sind, z. B. Vertriebssystem, Absatzwege, Lager, Transport usw.
Diversifikation	Sie bedeutet Ausweitung des Angebots eines Unternehmens über den Bereich seiner bisherigen Branche in neue Bereiche. Man unterscheidet in horizontale, vertikale und laterale Diversifikation.
Erfahrungs-kurvenkonzept	Es besagt, dass die realen Stückkosten eines Produktes bei einer Verdopplung der kumulierten Ausbringungsmenge zu einem Kostenrückgang von 20 bis 30 Prozent führen.

Experiment	Hierunter versteht man eine Befragung und/oder Beobachtung unter vorgegebenen Bedingungen im Rahmen einer kontrollierten Versuchsanordnung. Man unterscheidet Experimente je nach den Rahmenbedingungen in Feldexperimente und Laborexperimente.
Factoring	Ein Factor kauft die Forderungen eines Unternehmens und bevorschusst die Forderungen, sodass dem Unternehmen sofort liquide Mittel zur Verfügung stehen. Oft übernimmt der Factor auch noch weiter Abrechnungsaufgaben.
Factory Outlet	Sie ist eine neue Form des Verkaufs. Auf Gebieten von bis zu 100.000 qm gründen Hersteller sogenannte Zentren für den Fabrikverkauf und umgehen auf diese Weise den Einzelhandel. In Deutschland werden ca. 30 - 50 derartiger Factory Outlet-Center geplant.
Finanzierungspolitik	Dazu gehören alle Maßnahmen eines Anbieters um potentielle Käufer durch Kreditierung oder Vermittlung von Finanzierungsmöglichkeiten zum Kauf von Leistungen zu bewegen.
Forfaitierung	Es ist ein Exportfinanzierungsinstrument, das der Durchführung von Exporten dient, die wegen des größeren Risikos beim Export durch Wechsel, Aval oder Bankbürgschaft abgesichert sind.
Franchising	Es ist ein vertikales Absatzsystem, bei dem die Franchise-Partner rechtlich selbstständig bleiben. Ein Franchise-Geber räumt einem Franchise-Nehmer das Recht ein, bestimmte Produkte unter dem Namen, Warenzeichen und sonstiger Rechte auf dem Markt anzubieten.
Gap-Analyse	Mit Hilfe der Gap-Analyse erkennt man die Differenz zwischen dem Soll-Umsatz und dem Umsatz, den man ohne zusätzliche Marketingmaßnahmen erreichen kann.
Garantieleistungspolitik	Mit diesen Leistungen versucht man, Käufern durch ein Versprechen im Hinblick auf Haltbarkeit, Funktion, Preis usw. eine Motivation zu geben, sich für das Angebot eines Anbieters zu entscheiden.
Handelsbetriebsformen	Sie sind die verschiedenen Formen, in denen sich Handelsunternehmen auf dem Markt präsentieren, wie z. B. Warenhäuser, SB-Warenhäuser, Fachgeschäfte, Discounter, Fachmärkte, Versandhandelsunternehmen usw.
Handelsvertreter	Er ist selbstständiger Gewerbetreibender, der ständig damit betraut ist, für ein Unternehmen Geschäfte zu tätigen (§ 84 HGB). Man unterscheidet Einfirmen- und Mehrfirmenvertreter und Abschluss- und Vermittlungsvertreter.
Incoterms	Sie sind normierte Lieferbedingungen für den internationalen Handel. Sie regeln den Gefahrenübergang und die Verteilung der Kosten.

Investitionsgüter	Investitionsgüter sind Güter, die von gewerblichen Abnehmern zur Herstellung von Produkten und/oder zur Erbringung einer Dienstleistung gekauft werden.
Investitionsgütermarketing	Investitionsgütermarketing ist dadurch gekennzeichnet, dass die Güter von Organisationen nachgefragt werden ○ zur Herstellung weiterer Güter oder Dienstleistungen dienen, ○ eine abgeleitete Größe (derivate Größe) darstellen, ○ im Rahmen eines organisationalen Beschaffungsprozesses (Buying Center) ausgewählt werden. Die wichtigsten marketingpolitischen Maßnahmen sind die Produktpolitik und der Persönliche Verkauf. Die Beziehungen zwischen Lieferant und Käufer spielen für den Kaufentscheid eine wesentliche Rolle.
Kannibalisierungseffekt	Er drückt aus, dass auf einem bestimmten Markt neue Marken eines Unternehmens zu Lasten der bisherigen Marken dieses Unternehmens Umsatzerfolge erzielen können, sodass insgesamt für das Unternehmen keine (großen) Vorteile sich ergeben.
Käufer-/ Verkäufermarkt	Als Käufermarkt bezeichnet man einen Markt, auf dem das Angebot die Nachfrage übersteigt. Der Verkäufermarkt ist ein Markt, bei dem die Nachfrage größer als das Angebot ist, also ein Nachfrageüberhang besteht.
Kaufentscheidungsprozesse	Sie zeigen auf, wie Kaufentscheidungen bei Personen und Organisationen ablaufen. Man unterscheidet Kaufentscheidungsprozesse von Konsumenten und von Unternehmen. In der Regel werden Kaufentscheidungen in habitualisierte, extensive, limitierte und impulsive Kaufentscheidungen eingeteilt.
Kommunikationspolitik	Hierunter fasst man alle marketingpolitischen Instrumente zusammen, die durch persönliche und/oder unpersönliche Kommunikation versuchen, Personen vom Angebot eines Anbieters zu überzeugen. Dazu gehören Werbung, Verkaufsförderung, Verkauf, Public Relations, Direktwerbung, Sponsoring usw.
Konsumgüter	Unter Konsumgüter versteht man Güter, die von privaten Konsumenten gekauft werden und zur unmittelbaren Befriedigung menschlicher Bedürfnisse dienen. Je nach Verwendung unterscheidet man in Verbrauchsgüter (einmaliger Verbrauch) und Gebrauchsgüter (mehrmaliger Gebrauch).
Konsumgütermarketing	Konsumgütermarketing ist das Marketing für Konsumgüter. Es ist gekennzeichnet durch eine steigende Anzahl von Produkten, die für Käufer oft austauschbar sind, durch eine große Anzahl anonymer privater Käufer und hohe Werbeaufwendungen seitens der Anbieter. Zwischen Hersteller und Käufer ist in der Regel der Handel eingeschaltet.

Kontrahierungs-politik	Unter diesem Oberbegriff versteht man Preispolitik, Rabattpolitik, die Gestaltung der Liefer- und Zahlungsbedingungen sowie die Absatz-finanzierungspolitik.
Kunden	Kunden und Käufer bestimmen Leistungen eines Anbieters. Wird der Käufer zum mehrmaligen Käufer spricht man vom Kunden. Ebenfalls in den Fällen, in denen es zu einem Kauf kommt, wird der Käufer als Kunde bezeichnet.
Kundendienst-politik	Hierunter versteht man alle Zusatzleistungen eines Anbieters um den Kauf und/oder den Gebrauch der Hauptleistung zu erleichtern bzw. möglich zu machen. Man unterscheidet in technischen und kaufmännischen Kunden-dienst.
Kunden-orientierung	Das Prinzip der Kundenorientierung verlangt, sich am Kunden bei der Konzeption des Marketings auszurichten und die Bedürfnisse des Kunden vor und nach dem Kauf zu berücksichtigen. Dies bedeutet, dass Produkt, Angebotsform und Service dem Wunsch des Käufers entsprechen müssen.
Leasing	Form der Absatzfinanzierung. Es wird überwiegend im Business-to-Busi-ness-Bereich aber auch bei privaten Verbrauchern angeboten. In der Praxis gibt es verschiedene Varianten des Leasings.
Lieferant	Ein Lieferant stellt im Rahmen eines Kaufvertrages Produkte, Maschinen, Aggregate usw. zum Ge- oder Verbrauch zur Verfügung.
Liefer-bedingungen	Sie regeln den Gefahrenübergang, die Übernahme der Transportkosten, Eigentumsvorbehalt, Gerichtsstand, Reklamationen usw. Im internationa-len Handelsverkehr gelten die Incoterms (International Commercial Terms).
Makler	Er ist ein selbstständiger Kaufmann, der Interessenten zum Abschluss von Verträgen vermittelt (§ 93 ff. HGB). Dabei hat er die Interessen beider Partner, für die er tätig ist, zu wahren.
Makroumwelt	Hierunter versteht man alle Rahmenbedingungen, unter denen ein Unter-nehmen auf dem Markt aktiv wird, wie z. B. Ökonomische Bedingungen, Rechtliche Faktoren, Umweltbedingungen usw.
Marken	Sie bestehen aus Namen, Zeichen, Symbolen, Formen oder einer Kombina-tion aus diesen Bestandteilen um eine Leistung (Produkt) zu kennzeichnen und dadurch von anderen Leistungen zu unterscheiden.
Markenpolitik	Sie ist ein Instrument der Produktpolitik, mit deren Hilfe ein Produkt eine eigenständige "Produktpersönlichkeit" werden soll, die eine Identifikation des Käufers mit dem Produkt bzw. der Leistung ermöglicht. Sie hilft, eine Unique Selling Proposition (USP) zu schaffen.

Marketing	Marketing beinhaltet das Führen des Unternehmens vom Markte her. Es ist Philosophie, Denkhaltung und Maxime für ein systematisches marktgerichtetes und marktgerechtes Vorgehen. Durch Einsatz der marketingpolitischen Instrumente Produktpolitik, Kontrahierungspolitik, Distributions- und Kommunikationspolitik wird versucht, die Bedürfnisse der Kunden zu befriedigen und dadurch einen Gewinn für das Unternehmen zu erzielen. Um dies erreichen zu können, bedarf es entsprechender Marketingstrategien sowie einer adäquaten Marketingorganisation.
Marketing-Audit	Dies bedeutet Überprüfung der strategischen Marketingposition, Analyse der jeweiligen Marketingstrategie und Untersuchung der Effizienz der Marketingorganisation.
Marketing-Controlling	Sein Einsatz dient der systematischen Planung, Übermittlung und Kontrolle aller für den optimalen Einsatz der marketingpolitischen Instrumente erforderlichen Informationen und der Überprüfung der Marketingeffizienz.
Marketing-forschung	Zum Gegenstand der Marketingforschung zählt neben der Beschaffung externer Informationen auch die Bereitstellung von internen Informationen.
Marketing-logistik	Sie hat die Aufgabe, dem Käufer schnellstmöglich die Nutzung seines Kaufs zu ermöglichen. Dies geschieht durch kurze Lieferzeit, Lieferzuverlässigkeit und hohe Lieferbereitschaft. Um dies zu erreichen, müssen Lagerhaltung und Transport im Hinblick auf den Kunden optimiert werden.
Marketing-management-prozess	Als Marketingmanagementprozess bezeichnet man den Prozess des konsequenten Analysieren, Konzipieren und Realisieren des Marketings eines Unternehmens unter Einsatz der dafür geeigneten Instrumente, wie: Situationsanalyse, Stärken-Schwächen-Analyse, Erfahrungskurvenkonzept, Portfolio-Analyse, Produkt-Markt-Matrix usw.
Marketing-Organisation	Sie gibt die Gestaltung des Marketingbereichs nach Abteilungen und Stellen sowie die Regelung des prozessualen Ablaufs im Marketing wieder. Die Marketingorganisation regelt die Aufgaben, Kompetenzen und die Verantwortung im Marketing.
Marketing-politische Instrumente	Als marketingpolitische Instrumente bezeichnet man alle Instrumente, die im und für das Marketing eingesetzt werden. Im Einzelnen entscheidet man nach Marktforschung, Produkt-, Kontrahierungs-, Distributions- und Kommunikationspolitik. Die verschiedenen Grundformen treten in zahlreichen Ausprägungen auf.
Marketing-umwelt	Als Marketingumwelt bezeichnet man die ein Unternehmen in seinen Aktivitäten beeinflussenden Organisationen, Personen sowie die Bedingungen, unter denen Marketing praktiziert wird.

Marketingziele	Sie sind von den Unternehmenszielen für den Marketingbereich abgeleitete Ziele. Man unterscheidet in quantitative (Umsatz, Marktanteil, Kosten) und qualitative (Bekanntheitsgrad, Image) Marketingziele. Ziele sind nach Inhalt, Umfang, Zeit und Gebiet festzulegen.
Markt	Der Markt ist der Ort, an dem die Aktionen und Interaktionen von Anbietern und Nachfragern im Hinblick auf ein bestimmtes Angebot erfolgen. Der relevante Markt ist der für eine Leistung wirtschaftlich interessante Markt.
Marktformen	Nach der Anzahl der Anbieter, der Anzahl der Nachfrager und der jeweiligen Marktsituation kommt man zu ganz genau definierten Marktformen.
Marktforschung	Aufgabe der Marktforschung ist die systematische Beschaffung von externen Informationen über den für ein Unternehmen relevanten Markt.
Marktgrößen	Märkte lassen sich nach dem Absatzvolumen, nach den Absatzmöglichkeiten, nach der regionalen Ausdehnung (lokal, regional, national, international), nach der Entwicklung (wachsend, stagnierend), nach der Struktur, nach dem Zugang unterscheiden. Wichtige Marktgrößen für ein Unternehmen sind: Absatzvolumen, Absatzpotential, Marktanteil, relativer Marktanteil.
Marktsegmentierung	Unter Marktsegmentierung versteht man die Aufteilung eines Gesamtmarktes in homogene Teilmärkte um diese Teilmärkte erfolgreicher als den Gesamtmarkt bearbeiten zu können. Kriterien für die Segmentierung können z. B. sein: geographische, demographische, psychographische und verhaltensorientierte Merkmale.
Marktveranstaltungen	Marktveranstaltungen sind Veranstaltungen (private oder öffentliche) zur Herstellung von Kontakten zu Abnehmern und Lieferanten, zur Anbahnung von Geschäften, zum Kaufabschluss und zur Informationsgewinnung. Beispiele: Wochenmärkte, Messen, Ausstellungen, Warenbörsen, Auktionen.
Matrix-Organisation	Sie ist eine Organisationsstruktur, die durch zwei strukturbildende Merkmale gekennzeichnet ist, z. B. Produkte und Funktionen oder Produkte und Länder.
Mikroumwelt	Sie stellt die direkt die Geschäftsaktivitäten eines Anbieters beeinflussenden Faktoren, wie z. B. Käufer, Lieferanten, Konkurrenten und Handel dar.
Nutzen	Er ist die Bedürfnisbefriedigung, die ein Käufer oder Nutzer hat, wenn er sich für ein Produkt oder eine Dienstleistung entscheidet.
Operativer Marketingplan	Er enthält alle für die Realisierung des Marketings über einen Zeitraum von in der Regel einem Jahr wichtigen Marketingziele sowie die dazu erforderlichen Marketingmaßnahmen. Daneben werden die geplanten Kosten und Etats ausgewiesen.

Panel	Stichprobenerhebung bei Personen, Haushaltungen oder Unternehmen über einen längeren Zeitraum hinweg regelmäßig zum gleichen Erhebungsgegenstand bei dem gleichen Erhebungskreis.
Portfolio-Analyse	Sie zeigt auf, welche Bedeutung Produkten im Hinblick auf den Markt und die Marktentwicklung zukommt. Damit ist eine Basis vorhanden für die einzuschlagende Marktstrategie für diese Produkte und Produktgruppen.
Preisbildung	Sie ist die Entscheidung zur Vorgehensweise bei der Ermittlung des auf dem Markt zu fordernden Preises. Dabei kann man retrograd (Target Pricing) oder progressiv vorgehen.
Preisdifferenzierung	Unterschiedliche Preisforderungen für ein und dieselbe Leistung. Kriterien dafür sind in der Praxis Zeit, Gebiet, Käufergruppe, Menge, Verwendungszweck.
Preiselastizität	Sie zeigt auf, wie sich der Umsatz aufgrund einer Preisveränderung verhält, ob er zunimmt, gleichbleibt oder sinkt. Man unterscheidet in: Preiselastizität der Nachfrage, Kreuzpreiselastizität, Einkommenselastizität usw.
Preispolitik	Hier geht es um die Art und Weise der Preisbildung, der Höhe des Preises, der Auswahl einer Preisstrategie auf dem Markt und der Realisierung der Preisstrategie.
Preisstrategie	Sie zeigt die grundsätzliche Vorgehensweise im Hinblick auf den zu fordernden Preis auf. Man unterscheidet in Skimming- und Penetrationsstrategie je nach angebotener Leistung und Marktsituation.
Pretest	Er ist ein Instrument um Hinweise für die Wirkung einer Werbemaßnahme zu bekommen, bevor der Einsatz der Werbung auf dem Markt erfolgt.
Primärforschung	Hier werden Informationen erstmalig zur Lösung eines Problems mittels Befragung bzw. Beobachtung gewonnen.
Produktdifferenzierung	Veränderung eines Produktes, sodass neben dem ursprünglichen noch ein abgewandeltes Produkt auf dem Markt angeboten wird.
Produktelimination	Sie bedeutet Aussonderung eines Produktes aus dem Angebot eines Unternehmens, weil es die vom Unternehmen gesetzten Ziele nicht mehr erfüllt.
Produktinnovation	Das bedeutet, ein völlig neu entwickeltes oder ein für ein Unternehmen neues Produkt auf dem Markt in das Angebot eines Unternehmens aufzunehmen.

Produktlebens-zyklus	Der Produktlebenszyklus stellt ein Marktmodell für die Entwicklung und den Verkauf der Entwicklung eines Produktes auf dem Markt. In der Regel unterteilt man den Lebenszyklus in die Phasen: Einführung, Wachstum, Reife, Sättigung und Degeneration.
Produktmanager	Er betreut ein Produkt oder eine Produktgruppe von der Entstehung über die Vermarktung bis zur Produktelimination. Er hat in der Praxis ein breites Aufgabengebiet mit unterschiedlichen Kompetenzen.
Produkt-Markt-Matrix	Wie etwaige Ziellücken im Hinblick auf den Umsatz geschlossen werden können, zeigt die Produkt-Markt-Matrix auf. Danach hat das Unternehmen vier verschiedene Strategien, diese Ziellücke zu schließen, und zwar: Marktdurchdringung, Produktentwicklung, Marktentwicklung und Diversifikation.
Produktpolitik	Hierzu zählt man alle Aktivitäten um das Leistungsangebot eines Anbieters zu gestalten. Produktpolitik i. e. S. beinhaltet die technisch-funktionale Gestaltung eines Produktes. Produktpolitik i. w. S. enthält Produktpolitik i. e. S., Programmpolitik, Kundendienst (Service) und Garantieleistungspolitik.
Produkt-variation	Hierunter versteht man die bewusste Änderung der Eigenschaften eines auf dem Markt befindlichen Produktes in z. B. technischer, ästhetischer, ökologischer und funktioneller Sicht.
Profit Marketing	Unter Profit Marketing versteht man das Marketing aller Organisationen, die auf Gewinnerzielung ausgerichtet sind. Non Profit-Marketing ist das Marketing derjenigen Organisationen (z. B. Kirchen, Berufsverbände, Sportvereine, Museen usw.), die Bedürfnisse bestimmter Zielgruppen befriedigen wollen, aber auf Dauer nur einen Ausgleich von Einnahmen und Ausgaben erreichen wollen.
Prognosen	Sie stellen Aussagen über Entwicklungen und künftige Zustände aufgrund von qualitativen und/oder quantitativen Prognoseverfahren auf.
Quotenauswahl-verfahren	Verfahren zur Auswahl von Teilnehmern analog zu der Verteilung von Merkmalen in der Grundgesamtheit. Man unterstellt, dass bei diesem Vorgehen das Ergebnis auch als repräsentativ gelten kann bei geringeren Kosten und schneller Durchführung.
Rabattpolitik	Politik zur preispolitischen Feinsteuerung durch Gewährung von Nachlässen auf den allgemein festgelegten Verkaufspreis.
Reisender	Er ist ein angestellter Mitarbeiter eines Anbieters, der damit betraut ist, potentielle Kunden aufzusuchen, Verkaufsgespräche zu führen, zu informieren mit dem Ziel, einen Verkaufsabschluss für den Anbieter zu erzielen.

Sekundär-forschung	Verwendung von Informationen durch die Beschaffung und Analyse bereits vorhandener, für andere Zielsetzungen erhobener Daten.
Social Marketing	Sind Gegenstand des Marketings religiöse, kulturelle, caritative, politische, visionäre Anliegen und ist die Primärzielsetzung dieser Anliegen ihre Verbreitung, so spricht man vom Social Marketing.
Sortiments-politik	Sie ist das Ergebnis der Entscheidung eines Handelsbetriebs, welche Artikel er führen soll und welche nicht. Man unterscheidet beim Sortiment in Sortimentsbreite und -tiefe. Ziel ist die optimale Gestaltung des Leistungsangebots eines Handelsunternehmens im Hinblick auf Sortimentsumfang und -inhalt.
Sponsoring	Es bedeutet Förderung von Sport-, Kultur-, Sozial- und Umweltaktivitäten bzw. -institutionen durch die Bereitstellung von Geld- und Sachmitteln um die Kommunikationsziele besser erreichen zu können.
Strategischer Marketingplan	Der strategische Marketingplan enthält die Marktstrategie des Unternehmens, das Verhalten im Hinblick auf Nachfrager, Konkurrenten und Handel sowie die Strategie für die verschiedenen marketingpolitischen Instrumente und den Marketing-Mix.
Strategisches Spielbrett	Es zeigt auf, auf welchem Markt und auf welche Art und Weise ein Unternehmen auf dem Markt vorgehen kann. Es wurde von der Unternehmensberatung McKinsey dargestellt.
Teilerhebung	Bei Teilerhebungen werden nur Teile einer Grundgesamtheit in die Erhebung aufgenommen. Aus diesem Ergebnis versucht man dann, Schlüsse auf die Grundgesamtheit zu ziehen.
Telefon-marketing	Es bedeutet Kundengewinnung und -betreuung über das Telefon. Man unterscheidet aktives Telefonmarketing und passives Telefonmarketing (z. B. Hotline, 0130-, 0190-, 0800-Nummern).
Tensor-Organisation	Hier erfolgt die Strukturierung der Marketingorganisation nach mindestens drei Kriterien, wie z. B.: Funktionen, Produkte, Länder oder Kunden.
Trading up/ Trading down	Trading up bedeutet, das Angebot eines Unternehmens qualitativ besser zu gestalten um Käufer eines höheren Marktsegments zu erreichen. Trading down ist das entgegengesetzte Vorgehen.
Verkäufer	Er hat die Aufgabe, durch Kommunikation mit potentiellen Abnehmern Kontakte anzubahnen, Gespräche zu führen und Verkaufsabschlüsse zu erzielen. Je nach Position und Verkaufsaufgabe hat er unterschiedliche Kompetenzen.

Verkauf, persönlicher	Er stellt den unmittelbaren persönlichen Kontakt zwischen Verkäufer und Käufer her. Er ist ein sehr wirksames aber auch teures Kommunikationsinstrument.
Verkaufsförderung	Dazu zählt man Handels-, Verkaufs- und Verbraucherpromotions. Alle Maßnahmen sollen einzeln oder zusammen dazu dienen, kurzfristig den Absatz zu steigern. Aus diesem Grunde werden auch mit den verschiedenen Maßnahmen alle am Absatzprozess Beteiligten angesprochen.
Verpackung	Sie ist ein Instrument um Produkte unterscheidbar zu machen, ohne dass ein Käufer mit dem Produkt selbst in Kontakt kommt (z. B. Zahnpasta, Parfum, Waschmittel usw.). Man unterscheidet folgende Funktionen, die die Verpackung erfüllt: Schutzfunktion, Verkaufsfunktion, Gebrauchsfunktion, Zusatznutzenfunktion, Rationalisierungsfunktion.
Vertriebssysteme	Sie sind Kooperationssysteme zum Absatz von Produkten und Leistungen mit unterschiedlicher rechtlicher Ausgestaltung. Man unterscheidet z. B. Alleinvertriebssysteme, Vertragshändlersysteme, Franchisesysteme usw.
Vollerhebung	In diesem Falle werden alle Einheiten (Personen) einer Grundgesamtheit in eine Befragung oder Beobachtung einbezogen.
Werbebotschaft	Sie ist die Information, die ein Werbungstreibender über ein Werbemittel und einen Werbeträger an Zielpersonen und -gruppen übermittelt. Die Werbebotschaft kann in Schrift, Bild, Wort und Ton je nach Werbemittel übermittelt werden.
Werbeerfolgskontrolle	Sie überprüft, ob die angestrebten Werbeziele erreicht wurden. Man unterscheidet zwischen einem kommunikativen und ökonomischen Werbeerfolg.
Werbeetat	Er umfasst die finanziellen Mittel, die für eine bestimmte Werbeaktion zur Verfügung stehen. Synonym wird oft auch der Begriff Werbebudget verwendet.
Werbemittel	Sie sind die gestaltete (objektivierte) Form der Werbebotschaft, z. B. Anzeige, TV-Spot, Hörfunk-Spot. Sie werden durch Werbeträger an die Zielpersonen übermittelt.
Werbeträger	Sie sind die Medien, durch die Werbemittel an die Zielpersonen herangetragen werden, wie z. B. Fernsehen, Zeitungen, Zeitschriften, Anzeigenblätter, Rundfunk, Plakate usw.
Werbeziel	Es ist der Zustand bzw. der Zweck, der mit der Werbung erreicht werden soll. Man unterscheidet in kommunikative und ökonomische Werbeziele.

Werbung	Sie ist eine unpersönliche Form der Kommunikation, durch die Personen absichtlich und zwangfrei im Sinne des werbenden Unternehmens beeinflusst werden sollen.
Wettbewerbs-strategie	Nach Porter bieten sich grundsätzlich drei Arten der Wettbewerbsstrategie an: die Differenzierungsstrategie, die Kostenführerschaft, die Konzentrations- oder Schwerpunktstrategie.
Zahlungs-bedingungen	Sie geben die Art und Weise der Zahlung für eine Lieferung an. Dabei können verschiedene Zahlungsmodalitäten vereinbart werden, wie z. B. Vorauszahlung, Zahlung bei Lieferung, Zahlung per Nachnahme, Zahlung auf Zeit, Dokumente gegen Akkreditiv usw.

Literatur-
verzeichnis

Literaturverzeichnis

Backhaus, K., Investitionsgütermarketing, 4. Auflage, München 1995

Becker, J., Marketingkonzeption, 6. Auflage, München 1998

Berndt, R., Marketing I, II, III, Berlin 1995/1996

Bieberstein, I., Dienstleistungsmarketing, 2. Auflage, Ludwigshafen 1998

Bruhn, M. (Hrsg.), Handbuch des Marketing, München 1990

Bruhn, M., Marketing, 3. Auflage, Wiesbaden 1995

Bruhn, M., Kommunikationspolitik, München 1997

Bruns, J., Direktmarketing, Ludwigshafen 1998

Dallmer, H. (Hrsg.), Handbuch des Direkt-Marketing, 7. Auflage, Wiesbaden 1997

Dichtl, E., Strategische Optionen im Marketing, 3. Auflage, München 1994

Diller, H. (Hrsg.), Vahlens Großes Marketinglexikon, München 1992

Ehrmann, H., Marketing-Controlling, 3. Auflage, Ludwigshafen 1999

Franke, R./Zerres, M.P., Planungstechniken, 3. Auflage, Frankfurt 1992

Fritz/v. d. Oelsnitz, Marketing, Stuttgart 1996

Geisbüsch/Geml/Lauer, Marketing, 2. Auflage, Landsberg 1991

Gierl, H., Marketing, Stuttgart u. a. 1995

Godefroid, P., Investitionsgütermarketing, Ludwigshafen 1995

Hädrich/Tomczak, Strategische Markenführung, Bern/Stuttgart 1990

Haller, S., Handels-Marketing, Ludwigshafen 1997

Hörschgen/Kirsch/Kässer-Pawelka, Marketing-Strategien, 2. Auflage, Ludwigsburg/
Berlin 1993

Hüttel, K., Produktpolitik, 3. Auflage, Ludwigshafen 1998

Hüttner, M. u.a., Marketing-Management, München 1994

Köhler, R., Beiträge zum Marketing-Management, 3. Auflage, Stuttgart 1993

Kotler, P./Bliemel, F., Marketing-Management, 8. Auflage, Stuttgart 1995

Luger, E./Pflaum, D., Marketing, München/Wien 1997

Meffert, H., Marketing, 8. Auflage, Wiesbaden 1997

Meffert, H., Marketing-Management, Wiesbaden 1994

Meffert, H./Bruhn, M., Dienstleistungsmarketing, 2. Auflage, Wiesbaden 1996

Mülder, W.,/Weis, H.C., Computerintegriertes Marketing, Ludwigshafen 1996

Müller-Hagedorn, L., Handelsmarketing, 2. Auflage, Stuttgart 1993

Nieschlag/Dichtl/Hörschgen, Marketing, 16. Auflage, Berlin 1991

Pepels, W., Handbuch Moderne Marketing-Praxis, Band 1 + 2, Düsseldorf 1993

Pflaum, D./Eisemann, H., Verkaufsförderung, München 1996

Porter, M.E., Wettbewerbsstrategie, 7. Auflage, Frankfurt 1992

Pümpin, C., Grundlagen der strategischen Führung, in: Pümpin u. a. (Hrsg.), Produkt-Markt-Strategien, Bern 1980

Rogge, H.J., Werbung, 4. Auflage, Ludwigshafen 1996

Scharf/Schubert, Marketing, Stuttgart 1995

Scheuch, F., Dienstleistungsmarketing, 4. Auflage, München 1995

Schmalen, H., Grundlagen und Probleme der Betriebswirtschaft, 8. Auflage, Köln 1994

Schneck, O., Management-Techniken, 2. Auflage, Frankfurt 1995

Simon, H., Preismanagement Kompakt, Wiesbaden 1995

Stahr, G., Internationales Marketing, 2. Auflage, Ludwigshafen 1992

Steffenhagen, H., Marketing, 3. Auflage, Stuttgart 1994

Tietz, B., Marketing, 3. Auflage, Stuttgart 1994

Tietz/Köhler/Zentes (Hrsg.), Handwörterbuch des Marketing, Stuttgart 1995

Weis, H.C., Marketing, 10. Auflage, Ludwigshafen 1997

Weis, H.C., Verkauf, 4. Auflage, Ludwigshafen 1995

Weis, H.C., Verkaufsgesprächsführung, 3. Auflage, Ludwigshafen 1998

Weis, H.C./Steinmetz, P., Marktforschung, 3. Auflage, Ludwigshafen 1998

Zentes, J., Grundbegriffe des Marketing, 4. Auflage, Stuttgart 1996

Stichwortverzeichnis

Modernes Marketing für Studium und Praxis

Herausgeber Hans Christian Weis

Verkauf
Prof. Dr. Hans Christian Weis

Werbung
Prof. Dr. Hans Jürgen Rogge

Produktpolitik
Prof. Dr. Klaus Hüttel

Verkaufsgesprächsführung
Prof. Dr. Hans Christian Weis

Marketing-Kommunikation
Prof. Dr. Hans Christian Weis

Marktforschung
Prof. Dr. Hans Christian Weis und Prof. Dr. Peter Steinmetz

Direktmarketing
Prof. Jürgen Bruns

Computerintegriertes Marketing
Prof. Dr. Wilhelm Mülder und Prof. Dr. Hans Christian Weis

Handels-Marketing
Prof. Dr. Sabine Haller

Dienstleistungs-Marketing
Prof. Dr. Ingo Bieberstein

Investitionsgüter-Marketing
Prof. Dr. Peter Godefroid

Marketing-Controlling
Prof. Dr. Harald Ehrmann

Internationales Marketing
Prof. Dr. Gunter Stahr